国家重点研发计划政府间国际科技创新合作重点专项"EIR 计划-新型城镇能源互联系统研究及其试点应用"(编号：2018YFE0196500)阶段性成果
教育部人文社会科学重点研究基地重庆工商大学长江上游经济研究中心"长江经济带绿色低碳可持续发展研究团队"、重庆工商大学"三峡库区百万移民安稳致富国家战略"服务国家特殊需求博士人才培养项目研究支持

基于多阶段复合实物期权的火力发电企业 IGCC 项目投资决策研究

代春艳　徐书会　王益贤　张维维　著

科学出版社

北　京

内 容 简 介

整体煤气化联合循环（integrated gasification combined cycle，IGCC）项目具有发电效率高、碳排放少的显著优势，但其面临着高昂成本和可用性较低等问题。政府如何扶持此类项目、企业如何科学投资决策是政府和企业关注的问题。本书结合净现值法和多阶段复合实物期权法，将不确定性引入到 IGCC 项目投资价值评估中，构建了基于多阶段复合实物期权投资决策模型，为政府和企业做出正确决策提供方法支撑。本书呈现的研究关键点包括：阐述并分析火力发电企业 IGCC 项目的发展现状和期权特性；引入碳交易价格波动率和政府补贴系数，以多阶段复合实物期权投资决策方法为基础，设计指标并构建模型；推演、验证模型，并对投资的不确定因素进行敏感性分析；结合案例分析，给企业投资者和政府扶持此类项目的力度和方法提供相应的对策建议。

本书可供相关政策制定者、企业投资决策者、科研人员和国内外相关领域的专家、学者参考。

图书在版编目(CIP)数据

基于多阶段复合实物期权的火力发电企业 IGCC 项目投资决策研究 / 代春艳等著. —北京：科学出版社，2021.3
ISBN 978-7-03-063731-4

Ⅰ. ①基… Ⅱ. ①代… Ⅲ. ①火电厂-工业项目-投资决策-研究-中国 Ⅳ. ①F426.61

中国版本图书馆 CIP 数据核字（2019）第 281970 号

责任编辑：叶苏苏 / 责任校对：彭 映
责任印制：罗 科 / 封面设计：墨创文化

科学出版社 出版
北京东黄城根北街16号
邮政编码：100717
http://www.sciencep.com

成都锦瑞印刷有限责任公司 印刷
科学出版社发行 各地新华书店经销

*

2021 年 3 月第 一 版　开本：B5（720×1000）
2021 年 3 月第一次印刷　印张：4 1/2
字数：91 000

定价：69.00 元
（如有印装质量问题，我社负责调换）

前　言

应对全球气候变暖和保障能源安全是 21 世纪人类面临的两大严峻挑战，而化石能源（主要指煤炭）燃烧排放的二氧化碳是引起全球气候变暖的主要因素。当前，各国也在纷纷开展碳减排行动，我国作为碳排放量居世界第一位的发展中大国，更应该承担减排责任。因此，以煤炭为主要燃料且发电量占全国发电总量 82%的火力发电企业开展碳减排项目投资对履行碳减排承诺具有不可替代的作用。整体煤气化联合循环（IGCC）项目具有发电效率高、碳排放低的显著优势，受到世界各国的广泛重视。在碳排放权交易这种新的商业模式下，IGCC 项目必将成为新一代燃煤发电的首选，具有广阔的发展前景。

然而，如何更好地抓住碳排放权交易市场的商业机遇，既维持企业自身的竞争优势，又有利于促进低碳经济和社会的可持续发展，仍然是投资者需要深入思考的难题。相比传统的燃煤发电项目，IGCC 项目得到国家大力支持和国家发展和改革委员会（简称国家发改委）的极力推动，在部分企业中已经成功运营。鉴于我国统一的碳交易市场刚刚启动，未来碳市场的成交价格具有很大的不确定性，这种不确定性给 IGCC 项目增加了额外收益的可能性；同时，政府也在大力支持 IGCC 项目的发展，对投资成本进行补贴，然而补贴力度和补贴方式都具有不确定性。以净现值为代表的传统投资决策方法不能很好地分析不确定性给 IGCC 项目带来的投资价值和项目管理上的灵活性。因此，本书将结合净现值法和多阶段复合实物期权法，将不确定性引入 IGCC 项目投资价值评估中，构建基于多阶段复合实物期权投资决策模型，从而更好地为火力发电企业及项目投资者做出正确决策提供科学的方法支撑。

本书研究的关键点主要包括五个方面。①阐述和分析火力发电企业 IGCC 项目的发展现状和期权特性。由于传统投资决策方法在分析投资不确定性和项目管理柔性方面具有缺陷，本书选择对传统投资决策方法进行拓展，结合净现值法和多阶段复合实物期权法对 IGCC 项目投资价值进行评估，提高企业管理柔性和项目投资的灵活性。②以多阶段复合实物期权投资决策方法为基础设计指标并构建模型。③模型中引入碳交易价格波动率 σ_c 和政府补贴系数 λ，通过期权定价公式计算 IGCC 项目的投资价值。④进行模型的推演及验证。选取国内正在运营的某典型 IGCC 示范项目作为案例，检验所构模型、方法和步骤的科学性与合理性。

⑤对 IGCC 项目投资的不确定因素进行敏感性分析，得到对项目投资价值影响最大的因素，并依据敏感性系数进行深度剖析，结合案例分析结果给企业投资者和政府扶持此类项目的力度和方法提供相应的对策建议。

  本书的编写团队由重庆工商大学长江上游经济研究中心的研究成员组成。本书在撰写过程中得到了很多专家的帮助和指点。清华大学车用能源研究中心的欧训民副研究员、新加坡国立大学的苏斌教授等为本书提出了很好的建议，非常感谢他们的帮助！本书同时借鉴了相关领域学者的研究成果，在此对本书所引用资料的作者表示真诚的感谢！由于编者水平有限，本书难免存在不足之处，敬请批评指正！

目　　录

第1章　绪论 ·· 1
　1.1　问题提出 ·· 1
　1.2　研究方法与技术路线 ·· 3
　　1.2.1　研究方法 ·· 3
　　1.2.2　技术路线 ·· 4
　1.3　章节安排 ·· 5
第2章　火力发电企业碳排放现状及 IGCC 项目发展现状 ······················· 6
　2.1　火力发电企业碳排放现状 ··· 6
　　2.1.1　电力行业碳排放现状 ··· 6
　　2.1.2　火力发电企业减排压力 ·· 8
　2.2　火力发电企业 IGCC 项目发展现状 ·· 10
　　2.2.1　IGCC 项目的发展现状 ··· 10
　　2.2.2　IGCC 项目的发展优势及应用领域 ·· 17
　　2.2.3　IGCC 项目的发展障碍 ··· 18
　2.3　本章小结 ··· 19
第3章　火力发电企业 IGCC 项目投资现状及期权特性分析 ··················· 20
　3.1　火力发电企业碳减排项目及 IGCC 项目投资现状 ··························· 20
　　3.1.1　火力发电企业碳减排投资 ·· 20
　　3.1.2　IGCC 项目投资现状 ·· 21
　　3.1.3　多阶段复合实物期权应用于电力项目投资现状 ·························· 23
　3.2　IGCC 项目投资涉及的相关理论 ··· 25
　　3.2.1　低碳经济理论 ··· 25
　　3.2.2　环境管理理论 ··· 26
　3.3　火力发电企业 IGCC 项目投资的期权特性分析 ······························ 28
　　3.3.1　火力发电企业 IGCC 项目投资的特点 ······································ 28
　　3.3.2　IGCC 项目投资决策的不确定性 ··· 29
　　3.3.3　IGCC 项目投资中所含的期权特性 ·· 29

3.4 本章小结···30

第 4 章 基于多阶段复合实物期权的火力发电企业 IGCC 项目投资决策模型····31
  4.1 模型构建思路··31
    4.1.1 模型选择···31
    4.1.2 IGCC 项目两阶段划分依据··33
  4.2 模型的假设··33
  4.3 火力发电企业 IGCC 项目投资价值指标选择·····························34
    4.3.1 间断投资情形下的企业投资价值指标选择·······················34
    4.3.2 连续投资情形下的企业投资价值指标选择·······················34
    4.3.3 投资价值指标分析···35
  4.4 基于两阶段复合实物期权的火力发电企业
      IGCC 项目投资决策模型设计··36
    4.4.1 投资规则···36
    4.4.2 IGCC 技术更新阶段投资··37
    4.4.3 电站建设阶段投资···40
  4.5 IGCC 项目投资决策模型主要参数确定方法·····························42
  4.6 本章小结··43

第 5 章 案例分析···44
  5.1 案例简介··44
  5.2 净现值法下 IGCC 项目投资决策分析·····································45
  5.3 两阶段复合实物期权法下 IGCC 项目投资决策分析····················46
    5.3.1 参数确定···46
    5.3.2 两阶段复合实物期权法下的 IGCC 项目投资价值···············47
  5.4 敏感性分析···56
  5.5 本章小结··57

第 6 章 发现与启示···59

参考文献··61

第1章 绪　　论

1.1　问 题 提 出

应对全球变暖和保障能源安全是 21 世纪人类面临的严峻挑战,化石能源(主要指煤炭)燃烧排放的二氧化碳是引起全球气候变暖的主要因素[①],如何减少煤炭燃烧产生的碳排放量成为国际社会持续关注的焦点。当前,全球处在第三次能源转型时期,意在构建低碳和可持续的能源供给和消费体系,为此,国际社会也出台了一系列的举措,如《京都议定书》《联合国气候变化框架公约》等,并召开了哥本哈根世界气候大会等会议。2017 年 11 月 6 日,在联合国波恩气候变化大会上,国际社会联合承诺通过共同努力达成《巴黎协定》制定的减排目标,即到本世纪末将全球平均气温升幅控制在 2℃以下,未来有望降到 1.5℃以下,这表明碳减排行动已经演变成国际社会的一致战略任务。中国作为全球最大能源消费国和碳排放国家,屡次向国际社会做出了关于碳减排的郑重承诺:在哥本哈根世界气候大会上,中国政府郑重承诺到 2020 年中国单位国内生产总值二氧化碳排放比 2005 年下降 40%~45%。因此,缓解全球气候变暖、塑造低碳经济生活模式已成为世界人民的共同心声,发展低碳经济也是我国加强生态环境保护和生态文明建设、建设美丽中国的重要途径。

从国内形势来看,首先,煤炭在我国能源结构中占据主导地位,中国以煤电为主的能源主格局短期内难以发生重大改变。我国作为发展中大国,近年来能源需求呈不断增长趋势。2020 年,我国煤炭消费总量达到 38.6 亿吨,在一次能源消费中占比达到 55.3%,燃煤发电量占全球燃煤发电量的一半以上。分析我国 CO_2 的排放结构可以得出,能源行业首当其冲,而能源行业中电力行业位居总排放量榜首,其中以煤炭作为主要燃料的火力发电企业成为碳排放大户,清洁发电与碳减排投资为大势所趋、大众所望,未来必将成为我国 CO_2 减排的主力军。其次,国家高度重视清洁煤电技术的发展。为加快推进绿色低碳发展,使我国 CO_2 排放量在 2030 年左右达到峰值,国务院印发《"十三五"控制温室气体排放工作方案》,

---

① 《京都议定书》中规定的 6 种温室气体为:二氧化碳(CO_2)、甲烷(CH_4)、氧化亚氮(N_2O)、氢氟碳化合物(HFCs)、全氟碳化合物(PFCs)、六氟化硫(SF_6),其中 CO_2 的增温效应占 63%,其他几种温室气体也都以 CO_2 当量(CO_2e)核算,因此温室气体排放也称为碳排放。

规定到 2020 年，大型发电集团要加强煤炭清洁高效利用，单位供电 CO_2 排放控制在 $550gCO_2/(kW \cdot h)$ 以内。2016 年 11 月，国家发改委和国家能源局(现国家粮食和物资储备局)联合发布的《电力发展"十三五"规划(2016—2020 年)》特别强调鼓励煤电联营，促进煤电高效清洁、可持续发展，减少碳排放量和保障能源安全。全国统一的碳交易市场体系已完成总体设计，并正式启动。在我国生态文明建设和"十三五"规划的联合倡导下，2017 年 12 月，国家发改委制定并颁布了《全国碳排放权交易市场建设方案(发电行业)》(以下简称《方案》)，号召以发电行业(含热电联产)为首，逐步扩大其他行业的交易范围，丰富交易品种、完善交易市场。

鉴于我国以煤炭为主的能源消费格局很难迅速改变及我国目前煤炭生产效率低、清洁发展水平亟待提高、应对气候变化压力大等问题，研究和发展燃煤清洁高效发电技术对于实现我国碳减排承诺、能源结构转型升级及实现国民经济又好又快发展具有重大战略意义。在此背景下，IGCC 项目的投资应运而生。IGCC 项目是将煤气化技术和高效的联合循环相结合的先进动力系统项目。它的设计思想是：使煤在高压、高强度、高效率的气化炉中气化为中热值煤气或低热值煤气，进而通过洗涤和脱硫处理，把煤气中的微尘、硫化物、碱金属等杂质清除干净，最后把洁净的煤气输送到燃气-蒸汽联合循环中去燃烧做功。IGCC 项目由两部分组成，即煤的气化与净化部分和燃气-蒸汽联合循环发电部分。煤的气化与净化部分的主要设备有气化炉、空分装置、煤气净化设备(包括硫的回收装置)；燃气-蒸汽联合循环发电部分的主要设备有燃气轮机发电系统、余热锅炉、蒸汽轮机发电系统。IGCC 的工艺过程如下：煤经气化成为中低热值煤气，经过净化，除去煤气中的硫化物、氮化物、粉尘等污染物，变为清洁的气体燃料，然后送入燃气轮机的燃烧室燃烧，加热气体工质以驱动燃气透平做功，燃气轮机排气进入余热锅炉加热给水，产生过热蒸汽驱动蒸汽轮机做功。中国产业调研网发布的《中国 IGCC 行业现状调查分析及市场前景预测报告(2019 年版)》认为，IGCC 技术把洁净的煤气化技术与高效的燃气-蒸汽联合循环发电系统结合起来，既有高发电效率，又有极好的环保性能，是一种有发展前景的洁净煤发电技术。

IGCC 技术既符合碳减排行动的要求，同时也缓解了天然气供应不足与价格较高的问题，IGCC 项目发电的净效率可达 43%～45%，且污染物的排放量仅为常规燃煤电站的 1/10，具有发电效率高、碳排放量低的显著优势，代表了洁净煤发电技术的发展方向，现已成为当今世界能源动力领域的研究热点与前沿领域。

在国际国内碳减排目标压力和新的碳交易市场商业模式下，火力发电企业如何做出正确的清洁发电和碳减排项目的投资决策，在确保企业投资价值的科学性和合理性基础上，维持和发展企业的长期竞争优势并实现企业的可持续发展显得尤其重要。进一步讲，火力发电企业作为项目投资决策主体，如何科学、谨慎地进行投资决策成为重中之重。

IGCC 项目在国际上已进入商业化运营阶段，在国内仍处于示范工程阶段，且受到政府部门的大力支持。与以往发电投资项目不同，IGCC 项目的投资在全国统一碳市场商业模式下，面临碳交易价格、上网电价、燃煤价格和政府补贴的不确定性，传统的项目投资价值评估方法在评估这类特征项目的灵活性和不确定性方面尚有不足。因此，本书将讨论如何建立一个科学合理的投资决策模型来分析 IGCC 项目的投资价值，以及碳交易价格的不确定性等为 IGCC 项目带来的额外的期权价值。

已有研究成果多数从国家层面和行业层面讨论碳减排问题，鲜有从微观企业层面展开研究，企业的投资决策问题亟待从理论上加以系统阐释。本书将从企业维度，综合运用低碳经济理论、环境管理理论，通过在不确定环境下对火力发电企业的减排发电 IGCC 项目投资决策方法进行探讨分析，发现火力发电企业 IGCC 项目投资的真实价值，为有效配置投资、建立科学合理的投资评估方法提供参考。

1.2　研究方法与技术路线

1.2.1　研究方法

(1) 文献研究法。①了解研究问题的历史背景、发展历程和现状特征。②把握研究问题的整体脉络和最新动态，结合最新前沿，挖掘创新观点。由于碳减排是当前研究的热点问题，涉及各国碳市场建设及碳定价，需对相关文献进行深入研究、分析和比较，以便得到可供借鉴的方法和理论支撑。

(2) 专家访谈法。通过面对面采访、电话咨询、发放问卷等多种形式，对电力行业相关领域的专家学者和技术工程师进行访谈，了解火电行业的发展现状、项目投资面临的困境，请教研究方法的适用性和模型参数设定的合理性。

(3) 实地调研法。通过对重庆市及国内其他地区典型的 IGCC 项目示范基地进行调研，了解示范项目的背景和概况、工艺流程、建设意义和示范目标，掌握 IGCC 技术指标的最新进展。

(4) 多阶段复合实物期权法。在明确 IGCC 项目投资现状和投资特点基础上，选择二叉树复合实物期权定价方法，构建不确定性条件下的 IGCC 项目投资价值评估模型，推导出项目的真实投资价值，将理论观点运用于投资决策战略中，使得到的政策建议更有战略依据，提高研究的科学性。

(5) 案例分析法。本书选取 H 项目为实际案例，在碳减排环境下对投资状况进行分析，检验两阶段复合实物期权模型的实用性，以期为碳减排背景下火力发电企业的项目投资提供启示。

1.2.2 技术路线

本书研究的技术路线分为四个部分：①通过回顾、分析和梳理国内外相关领域已有的研究成果，理清研究的理论基础，了解火力发电企业碳减排现状、国内外 IGCC 项目的投资现状和多阶段复合实物期权在发电项目中的应用现状，为研究提供理论和方法基础；②通过美国能源信息署、国家统计局、中国电力企业联合会及中国碳交易市场等的官方网站，结合电话咨询与实地调研，分析火力发电企业 IGCC 项目的投资特点和期权特征；③通过多阶段复合实物期权法的适用性分析、模型设计、投资价值指标的选择和参数的确定方法，构建两阶段复合实物期权投资决策模型；④选取一个正在运营的 IGCC 项目为实例进行应用分析，检验模型的科学性和合理性，继而得出案例研究结论。研究的技术路线如图 1.1 所示。

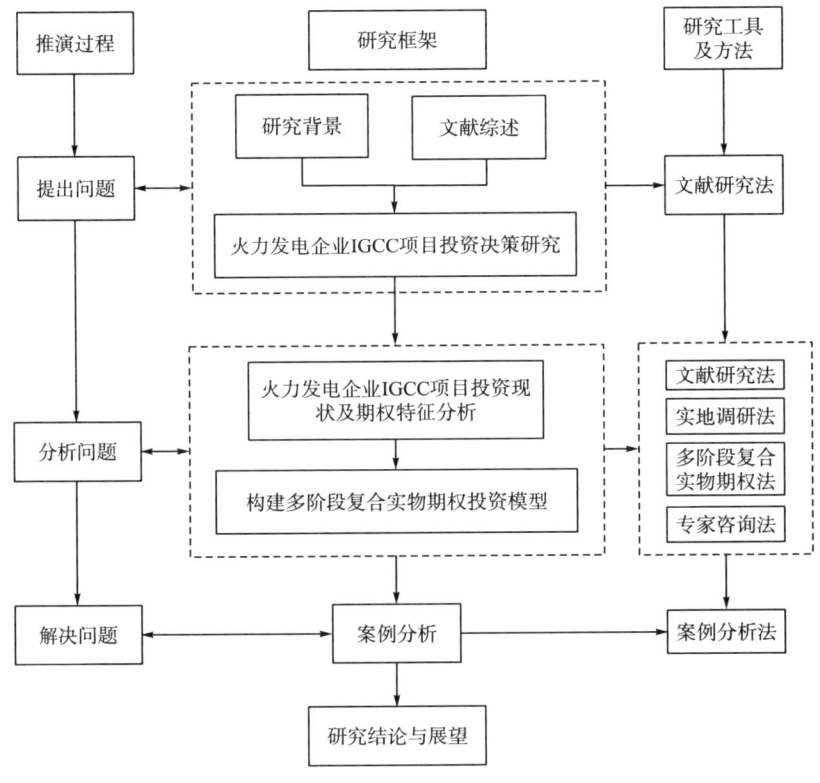

图 1.1 研究的技术路线

1.3 章节安排

在中国统一碳交易市场启动的基础上，火力发电企业的 IGCC 项目投资价值受到上网电价、碳交易价格和燃煤价格的影响。传统净现值法没有考虑项目投资分阶段、投资不确定性和管理灵活性等特点，使得计算出的投资价值偏离项目的真实价值，应采用拓展的多阶段复合实物期权投资方法。IGCC 项目投资价值受到碳交易价格波动的影响，构建包括碳交易价格在内的投资决策模型，是全面、系统、深入分析 IGCC 项目投资真实价值的要求。虽然中国的 IGCC 项目市场潜力巨大，但目前尚处于示范工程阶段，需要政府的大力支持，因此政府补贴系数对 IGCC 项目的投资决策也起着重要作用。

本书主要研究内容包括第 2~6 章。

第 2 章：火力发电企业碳排放现状及 IGCC 项目发展现状。本章主要分析火力发电企业的碳排放现状、IGCC 项目的发展现状。

第 3 章：火力发电企业 IGCC 项目投资现状及期权特性分析。本章主要分析火力发电企业 IGCC 项目投资现状，分析 IGCC 项目的期权特性，为后文两阶段复合实物期权投资决策模型的构建做好铺垫。

第 4 章：基于多阶段复合实物期权的火力发电企业 IGCC 项目投资决策模型。本章通过对上网电价、碳交易价格和燃煤价格三者的不确定性进行分析，进而分析 IGCC 项目所含的期权特性，在对模型提出假设的前提下，构建两阶段复合实物期权模型；咨询相关领域专家，探寻模型参数的确定方法。

第 5 章：案例分析。本章通过上网查阅、电话咨询和文献参考，获得模型参数的基础值，将构建的两阶段复合实物期权模型应用到 A 企业 IGCC 项目投资的应用分析中，评估该企业 IGCC 项目的投资价值，对前文构建的两阶段复合实物期权模型进行合理性和可操作性检验，得出启示和建议。

第 6 章：发现与启示。本章通过对全书研究进行总结，为火力发电企业 IGCC 项目投资提供决策参考。

第 2 章 火力发电企业碳排放现状及 IGCC 项目发展现状

2.1 火力发电企业碳排放现状

2.1.1 电力行业碳排放现状

能源行业的发展需要燃烧大量的化石燃料,尤其是电力行业。有研究显示,到 21 世纪中叶,全球温室气体排放将在现在的 65% 的基数上继续上涨 20%。

从 CO_2 各个行业的分布情况来看,全球电力行业碳排放量已经超过碳排放总量的 40%,中国以煤炭为主的能源结构决定了其碳排放量占比超过 50%,但是电力需求对于全球经济社会发展存在刚性,短时期内不会回落。

据中国电力企业联合会国际部发布的《电力国际信息参考》数据显示,2015 年之后的 25 年间,全世界对于电力部门的投资会远远超过 12 万亿美元,其中不可再生能源仍占 1/3,总额约为 4.1 万亿美元,煤炭、天然气和核能发电投资分别为 1.6 万亿美元、1.2 万亿美元和 1.3 万亿美元,如图 2.1 所示,未来 20 多年,全球发电投资中煤炭仍然居于首位。据中国电力企业联合会数据显示,2017 年中国各省(区、市)累计用电量都出现正向增长,全社会累计用电量也在持续增长。以国内 6000kW 及以上电厂装机容量为例,2017 年同比增长了 7.2%,其中,火电为 109000 万 kW、水电为 30000 万 kW、并网风电为 16000 万 kW、核电为 3582 万 kW,如图 2.2 所示。

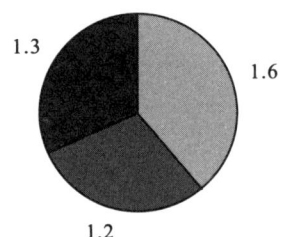

图 2.1 2015～2040 年全球不可再生能源发电投资分布图[①](单位:万亿美元)

---

① 数据来源:中国电力企业联合会国际部,《电力国际信息参考》。

第 2 章 火力发电企业碳排放现状及 IGCC 项目发展现状

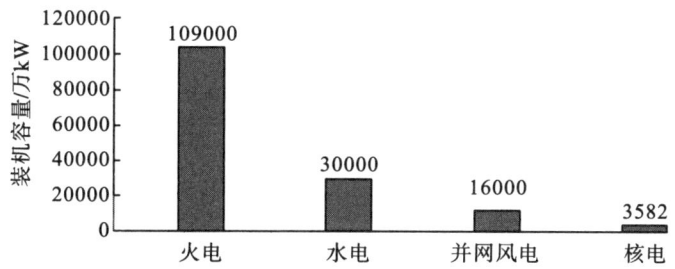

图 2.2　2017 年中国 6000kW 及以上电厂装机容量分布图①

全球经济发展对于电力的需求还会继续增长，显然电力行业碳排放量也会继续升高。2017 年，全球电力行业碳排放量大于 130 亿 t，到 2030 年将突破 150 亿 t。预计到 2040 年，全球电力行业碳排放量占比将超过 55%，全球碳排放量届时将达到峰值。因此，电力部门的碳减排压力和紧迫感不言而喻。2029 年后，全球碳排放量将开始下降，预计 2040 年为 148 亿 t，比 2014 年水平高 15%，如图 2.3 所示。在电力系统低碳化的长远进程中，煤炭仍将占据重要位置。倘若国际社会不及时开展碳减排行动，未来 15 年，全球的碳排放量将继续上升。因此，随着全球经济社会发展对电力需求量的增加，电力投资会进一步加大，电力行业的碳排放量短期内会继续升高。

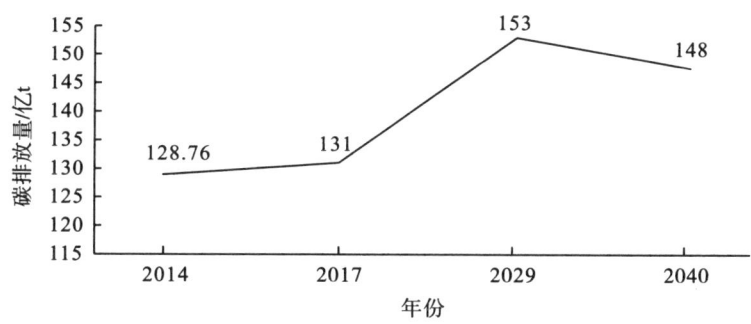

图 2.3　2014～2040 年中国电力行业碳排放趋势②

低碳经济发展离不开低碳电力建设，尤其是能源行业中的电力建设。2017 年，全国 1700 多家电力企业的碳排放总量达到 30 多亿 t。从国际能源署(International Energy Agency，IEA)的研究中获悉，2015 年我国电力碳排放量占比达到 40%左右，是我国碳排放的首要排放源。

---

① 数据来源：国家能源局《全国 6000 千瓦及以上电厂发电设备平均利用小时情况》，2016 年。
② 根据《中国电力报》文章《IEA：碳排放与经济活动继续脱钩》数据整理，2017 年。

从全球碳排放结构来看，碳排放主要来自电力行业，所占比例超过 40%，其他依次是交通运输业(22.9%)、制造业和建筑业(19.7%)及其他行业(16.1%)(图 2.4)。

从国内的碳排放结构来看，电力行业碳排放量占比依然最大，超过总排放量的一半，制造业和建筑业占 31.3%，交通运输业占 6.8%，其他行业占 11.6%，如图 2.5 所示。由此看来，要应对气候变化，首先要从电力行业开始，低碳经济的发展离不开电力行业的结构改革和技术进步。

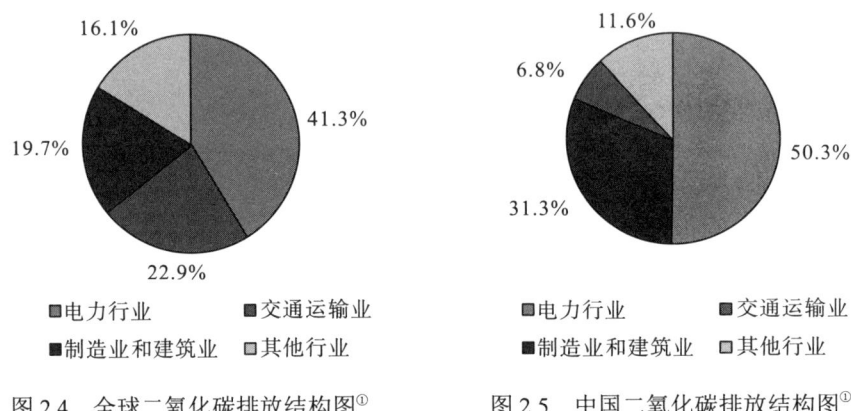

图 2.4　全球二氧化碳排放结构图[①]　　图 2.5　中国二氧化碳排放结构图[①]

2.1.2　火力发电企业减排压力

以煤炭为主要发电燃料排放的 CO_2 是全球气候变暖的主要因素之一。根据 IEA 数据统计，1990~2015 年，在全球电力行业碳排放中，燃煤造成的碳排放量超过 65%，如图 2.6 所示。中国电力行业是以火电为主的结构体系，火电企业燃料主要以煤炭为主，我国燃煤发电所产生的 CO_2 排放量占电力行业碳排放总量的 93%。2016 年，全球 CO_2 排放量相比工业革命前分别增加了 44%，明显高于 2013~2014 年增幅以及过去 10 年的平均增长率，中国的 CO_2 年平均浓度均高于全球同期平均水平。2015 年 6 月 30 日，中国再一次下定决心举全国之力来落实 2020~2030 年的气候变化行动，向国际社会提交的《强化应对气候变化行动——中国国家自主贡献》就是中国政府的庄严承诺。

火力发电企业的碳排放问题一直是国内电力改革关注的重要问题。根据中国电力企业联合会信息规划与统计信息部统计的数据，2015 年火力发电企业的利润总额仍然位于电力企业的第一位。2015 年，全国规模以上电力企业利润总额超过 3400 亿元，火力发电企业的利润总额较 2014 年增长了 13.32%，其他种类发电企业的利润总额情况也均有不同幅度增加，具体如图 2.7 所示。

---

①根据 IEA 二氧化碳排放在线数据服务文档数据整理，2017 年。

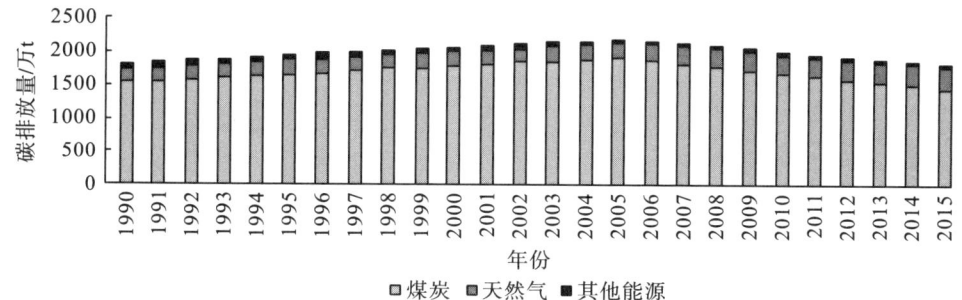

图 2.6 1990~2015 年煤炭、天然气及其他能源碳排放情况[1]

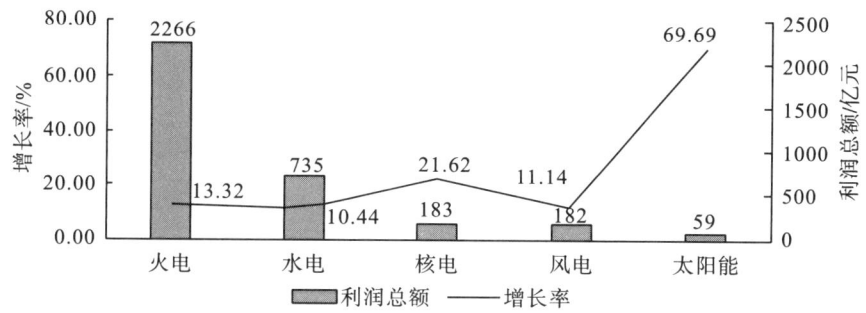

图 2.7 全国规模以上电力企业利润总额和增长率[2]（2016 年）

从过去十多年我国每年发电利用小时数来看，火电的利用小时数总体上有所收敛，但一直高于水电，可见我国以火电为主的能源结构短期之内不会改变，如图 2.8 所示。因此，应对气候变化、缓解全球变暖、实施碳减排行动，火力发电企业有着不可推卸的责任。

在低碳经济理论的指导下，越来越多的学者对低碳电力展开探讨，本书所指的低碳电力是指以服务经济建设为基本要求，对低碳建设进行必要的制约，以技术创新为支撑，重视能源结构的调整，以清洁能源为推手，大力发展发电效率高、污染能耗低的清洁发电技术，将现有电网进行更新，升级为经济可靠且低碳环保的智能电网，另外，加快不同区域之间的节能调度和优化电力资源配置，最终服务于低碳经济的发展和社会生态文明的可持续发展。因此，研究具有高效率、低排放优势的 IGCC 项目为大势所趋。

---

[1] 数据来源：IEA 世界能源数据统计，2016 年。
[2] 根据国家统计局发布《2016 年 1~11 月份全国规模以上工业企业利润总额同比增长 9.4%》数据整理，2016 年。

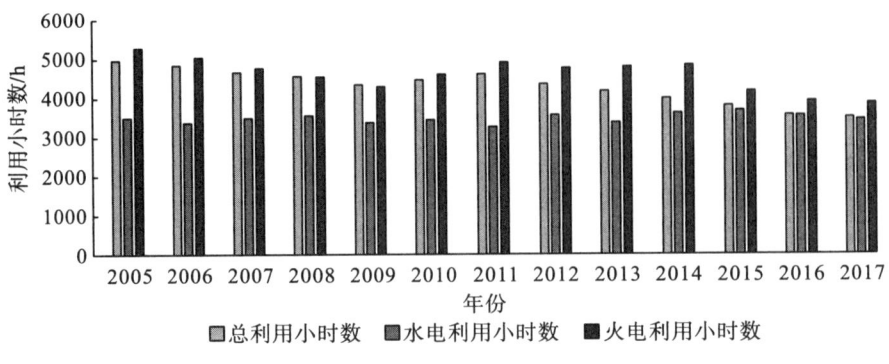

图 2.8　2005～2017 年火电和水电利用小时情况[①]

2.2　火力发电企业 IGCC 项目发展现状

2.2.1　IGCC 项目的发展现状

2.2.1.1　国际发展现状

IGCC 项目发电的技术原理在于其由煤气化与净化系统和发电系统两部分组成，煤炭在第一个环节被气化成为中低热值煤气，再分离粉尘等污染物，将处理后的清洁气体燃料输送到发电系统，然后燃气轮机通过燃烧气体驱动发电装置。整体而言，IGCC 项目的发电系统属于气化、净化、燃气轮机等联合循环，方便对 CO_2 进行分离、捕集及储存，实现近零排放。20 世纪末，世界五大 IGCC 项目如表 2.1 所示。

表 2.1　世界五大 IGCC 项目情况

类别	荷兰	西班牙	美国	美国	美国
项目名称	Demkolec	Blogaa	Wabash River	Polk	Pinon Pine
所在地	Buggenum	Puertollano	West Terre	Tampa	Tracy
工业状态	示范	示范-商业化	商业性改造	商业化运行	调试
投资时间	1994 年	1997 年	1995 年	1996 年	1997 年
项目现状	商业化运行	商业化运行	商业化运行	商业化运行	商业化运行

资料来源：根据许世森的《IGCC 现状与发展》课件资料整理，西安热工研究院，2006 年．

[①] 数据来源：中国电力企业联合会，《2017 年全国电力工业统计快报数据一览表》，2018 年。

迄今为止，全球在建和已经投产运营的 IGCC 项目超过 35 座，总装机容量突破 11000MW。IGCC 技术的研发和运用遍布欧美发达国家，在亚洲地区，日本的技术较为先进，印度也在努力加大 IGCC 项目建设规划。通用电气公司的 IGCC 技术一直处于行业领先水平。美国的两座 IGCC 项目——加利福尼亚州巴斯托冷水 IGCC 项目和佛罗里达州 Tampa 的 IGCC 项目的成功运行较好地体现了 IGCC 项目商业化运行的可行性。对 IGCC 项目进行示范研究将作为现阶段我国攻克部分核心技术的发展规划，有利于提高自主知识产权占有率和巩固技术基础。

1984 年，美国在世界 IGCC 项目示范工程建设上率先行动，加利福尼亚州巴斯托冷水 IGCC 项目的成功示范拉开了世界 IGCC 技术发展的新篇章。2010 年以后，IGCC 项目在世界各国取得较快发展，如表 2.2 所示。

表 2.2 2010 年以来世界各国 IGCC 项目发展情况

项目名称	国家	容量/MW	气化炉	目的
FutureGen	美国	275	—	电氢联产+近零排放
Nuon Magnum	荷兰	1200	Shell	发电
Centrica Eeesside	英国	800	—	发电+EOR（enhanced oil recovery，强化采油）
Powerfuel HatField	英国	740	Shell	发电+碳捕集
Edwardsport	美国	618	GE	发电+CCS（carbon capture and storage，碳捕获与封存）
Mesada	美国	600	E-Gas	发电+EOR
RWE Zero	德国	360	高温克勒	IGCC+CCS
Taean No.1	韩国	300	Shell	发电
EECP	美国	—	Shell	电力+化学品+燃料+合成气+氢+CCS
HYPOGEN	欧盟	192	—	电氢联产+近零排放
ZeroGen	澳大利亚	120（一期）450（二期）	Shell	IGCC+CCS
Nuon Maggnum	荷兰	1200	Shell	IGCC+CCS
Alberta EPCOR	加拿大	270	SFG-500	IGCC+CCS

资料来源：根据许世森的《IGCC 现状与发展》课件资料整理，西安热工研究院，2006.

世界第一座 IGCC 项目是位于荷兰的于 1994 年完工并开始运转的 Buggenum 电站，装机容量为 253MW。电厂总造价约为 8.5 亿荷兰盾，依当时汇率换算为美元后，单位造价约为 1865 美元/kW。开始运转的前几年，Buggenum 电站的系统稳定性非常差，各种问题不断出现，气化炉的可用率在开始运转的前三年都低于30%。该电站经历了五年的调整检修及修改设计之后，系统才渐渐趋于稳定。

世界第二座 IGCC 项目是位于美国印第安纳州的 Wabash River 电站，该项目属于老厂增容改造，所以造价会比新建电厂的费用略低，改造后装机容量为262MW，1995 年 11 月转入商业运行。电厂总造价为 4.38 亿美元，其中美国能源部补助 50%。单位造价约为 1672 美元/kW。开始运转的前几年，Wabash River 电站的系统稳定性也是很不好，前四年的系统可用率依序为：18.6%、35.4%、58.7%、40.1%。经过几年调整检修之后，Wabash 电站的系统可用率达到 70%以上。

世界第三座 IGCC 项目是位于美国佛罗里达州的 Polk 电站，装机容量为250MW，1996 年底完工商转。电厂原本总预算为 3.03 亿美元，其中美国能源部补助 49%。建厂期间预算透支，实际总造价约为 6.07 亿美元，如果直接用这个实际总造价除以装机容量，算出来的单位造价约为 2428 美元/MW。然而美国能源部的报告对于电厂的单位造价并不是这样直接计算，而是以隔夜资金成本（overnight capital cost）来表示，既假设厂区规划、申请许可、厂房建设都可以在一夜之间完成，是在不算利息，也不考虑建厂过程发生任何意外事故或是人为延误的理想状况下去估计，根据 Polk 电站建厂经验估计，新建像这样 250MW 规模的 IGCC 项目隔夜资金成本单位造价约为 1650 美元/kW。因为采用了这种不切实际的估价方式，尽管实际上 IGCC 项目的单位造价全都在 1600 美元/kW 以上，但是美国政府的绝大多数评估报告几乎都评估 IGCC 项目的单位造价为 1100～1400 美元/kW。

世界第四座 IGCC 项目是西班牙的 Blogaa 电站，装机容量为 335MW。这个电站的设计较为复杂，除了气化炉同时使用煤炭跟石油焦，而且还用天然气来弥补气化炉产出的不足。Blogaa 电站中复循环发电机组部分于 1996 年先以天然气运转，1998 年气化部分完工后 IGCC 项目开始商转。开始运营的前几年，煤炭气化炉产出较低，以天然气弥补。因为有天然气来弥补气化炉产出不稳定的缺点，所以 Blogaa 电站的热效率是这些 IGCC 项目中最高的，估计约为 45%（当然，如果把气化炉整个废掉，干脆采用天然气复循环发电，热效率还可以提高到 50%～60%）。Blogaa 电站单位造价约为 2073 美元/kW。

世界第五座 IGCC 项目是日本勿来(Nakoso)发电所 10 号机。装机容量为250MW，2007 年完工。这个机组的设计特点为气化炉使用空气而非纯氧，所以节省了氮氧分离的成本与能源损耗。一般认为纯氧气化炉的废气中二氧化碳浓度较高，有利于提高二氧化碳捕集效率与降低捕集成本，但是设计建造勿来发电所 IGCC 项目的三菱重工则认为使用空气气化可以大幅提高整体机组效率，即使加上二氧化碳捕集，整体的效率仍然高过纯氧 IGCC 加上二氧化碳捕集系统的效率。目前还没找到该发电所的造价资料。

世界第六座 IGCC 项目就是中国华能集团有限公司（简称华能集团）的 GreeGen 电站。根据报道中所说，该项目单位造价为 13000～14000 元/kW。实际上，华能集团 IGCC 项目造价跟其他国家的经验相比，完全是合理的，只是因为过分强调洁净煤技术，才会造成 GreenGen 电站今天的窘境。

世界第七座 IGCC 项目是美国印第安纳州的 Edwardsport 电站，装机容量为 618MW，于 2013 年 6 月完工并商转。原本建厂前估计总造价约为 13 亿～16 亿美元，结果建厂过程中预算透支，一再追加，最后完工时总造价约为 35.5 亿美元，单位造价大约在为 5744 美元/kW。

世界第八座 IGCC 项目是美国密西西比州的 Kemper 电站，装机容量为 582MW，原本预定于 2014 年 5 月完工。建厂前估计总造价约为 22 亿美元，结果也透支，后追加到 60 多亿美元，单位造价超过 11600 美元/kW，完工日期也延迟到 2016 年上半年。

美国能源部对 Polk 电站的评估报告还指出：如果是兴建更大规模的电站，由于规模经济的缘故，单位造价可以降到 1300 美元/kW。这样的成本估算方式一定会低估 IGCC 项目的真实成本。因为像 IGCC 这样构造复杂且发展还不成熟的技术，建厂过程中各项意外与错误出现的概率很大，一旦工期有所延误，成本就会大幅上升。至于规模经济的说法更是全凭想象，对于经验不足的技术，贸然扩大规模只会使出错的概率增大，成本很可能会更高，而不是更低。

美国能源部提出未来发电（FutureGen）项目，计划引领世界 IGCC 技术的发展，建造世界上第一座具有碳捕集与封存和制氢功能的示范电站，总装机容量接近 300MW，预估其年碳捕获量将超过 200 万 t 以上。日本在这一领域一直在走自主创新的道路，在 2008 年建成一座功率为 250MW 的 IGCC 电站，净效率超过 42%。该电站在运营中不断优化，期望实现发电净效率突破 48%，目前正在大力开发 IGCC+CCS 技术。加拿大也在积极为接下来的 IGCC 技术运用规划部署，计划建设一座碳捕集与封存的电站，发电容量为 270MW，气化炉选用 SFG-500。澳大利亚 ZeroGen 示范项目分为 120MW 的示范电厂阶段和 450MW 的 IGCC+CCS 示范电厂阶段，两个阶段的碳捕集率分别为 75%和 90%。2015 年，德国 REW 电力公司建成的 IGCC 项目，成功实现了集发电与碳捕集技术于一体，碳捕集率高达 90%。2017 年，荷兰的 Nuon Maggnum 项目建设完成，发电容量高达 1200MW，采用 Shell 气化炉。

当前，来自政策法律、资金、跨行业跨区域合作和电价合作问题限制了 IGCC 技术的发展。我国正在努力加快制定有关能源环保方面的法律法规，政府也在积极行动，如倡导优惠扶持政策，加大科研投入，建设科研队伍，扩大核心技术的自主知识产权，巩固国内技术基础，实现设备国产化、规模化和经济商业化。就燃煤发电来说，IGCC 项目发电方式的煤炭利用效率要比超临界和超超临界高，能够大幅降低二氧化碳的排放量。当前，IGCC 技术的发展也处于瓶颈期，一方面，部分工艺技术有待突破，另一方面，建设投入和运营成本昂贵让诸多有望投资项目的机构感到为难。

2018 年，MHPS(三菱日立动力系统)开始进行两个商用 IGCC 项目的建设工作，一个在日本勿来市，另一个在日本广野市。这两个项目分别计划在 2020 年和 2021 年完成。这两个独立的 500 MW 级电站，每个都将利用 1 台以低热值的合成气作为燃料的 M701F 燃气轮机，预期装置的净效率将达到 48%。

此外，采用 IGCC 技术的炼油厂也受到个别国家和企业的青睐，如沙特阿拉伯石油公司的 Jizan IGCC 炼油项目、印度信实公司的 Jamnagar IGCC 炼油项目、西北雷德沃特伙伴(NWR)在加拿大阿尔伯塔的 Sturgeon IGCC 炼油项目，据统计，这三个项目的总投资成本达 190 亿美元。这更加说明，IGCC 项目在全球的市场需求潜力巨大，领先的 IGCC 技术正在实现规模化和商业化运营。

2.2.1.2 国内发展现状

20 世纪 70 年代末，国内开始对 IGCC 技术进行初步探索，在"八五"规划期间，IGCC 技术课题组完成组建，西安热工研究院担任组长职责。在从事 IGCC 技术研发的机构中，清华大学、西安热工研究院、华东理工大学等单位长期致力于 IGCC 技术的研究，在关键技术领域取得了突破。21 世纪初，IGCC 技术在我国开始迅速发展。

随着全球气候变暖问题凸显,华能集团早在 2004 年就部署了实施"绿色煤电"的中长期科技发展规划。"绿色煤电"计划于 2005 年由国内多家大型电力集团(中国大唐集团有限公司、中国华电集团有限公司、中国电力投资集团公司、神华集团有限责任公司等)联合实施。该计划的首要目标是提高发电效率，最大限度降低污染物和二氧化碳排放量，其次要掌握 IGCC 核心技术，拥有自主知识产权，最后推动 IGCC 技术在经济上的可行性，为应对全球气候变暖做好技术准备。华能集团绿色煤电公司启动的"绿色煤电"计划分为三个阶段。第一个阶段的主要目标在于完成"十一五"规划期间 25 万 kW 级电站。2010 年，天津 IGCC 项目施工步入高峰期，同年，华能集团在北京发布"绿色发展行动计划宣言"，提出会以更加积极的姿态来应对气候变化，坚持走绿色、低碳、循环发展之路，带动全国的能源安全和社会可持续发展。天津 IGCC 项目形成了我国首座具有完全自主知识产权的 250MW 级 IGCC 示范电站，具有完备的 IGCC 自主知识产权体系，打破了国外技术和设备的垄断，代表世界洁净煤发电技术前沿水平的"绿色煤电"计划取得了实质性突破。在设计过程中，中电工程西北电力设计院先后攻克多项技术复杂程度极高、系统集成度极高、设计难度极大的技术难题。从 IGCC 工艺路线、IGCC 整体工艺系统集成及优化、IGCC 主要设备研发及设计、IGCC 子工艺系统设计优化、IGCC 整体控制策略及控制系统、厂区及厂房设备布置、精细化及专业化设计等方面提出了主要优化设计项目共 150 余项。第二阶段为 2012~2014 年，主要为关键技术的自主开发和第三阶段的绿色煤电示范工程做好技术准备和前期工作。2013 年，影响 IGCC 项目电站稳定运行的难题得到初步解决，全年完成发电量 2.2 亿 kW·h，优于其他国家同类机组当期水平。2014 年，IGCC 项目电站安全稳定运行水平大幅提高。全年运行 5500h，完成发电量 10.8 亿 kW·h，超过年度计划的 80%。第三阶段即 2014 年之后，这一阶段的目标为建成大规模煤制氢和氢能发电、碳捕集与封存系统，不断提高 IGCC 项目系统的技术可靠性和经济可行性，为商业化运营做好准备。2015 年，全年完成发电量 12.02 亿 kW·h，成功组织 IGCC 项目电站连续 72h 满负荷试验，各项指标均创最高水平，IGCC 项目机组的稳定性和可靠性都大幅提升。2016 年，机组负荷能够稳定在 265MW 左右，截至 8 月 1 日，机组连续运行时间突破 100 天。目前，该项目的 IGCC 关键技术和开发的煤气化技术不仅应用于天津杨柳青扩建工程等国内 IGCC 项目和煤化工项目中，也已应用于美国宾夕法尼亚州 EmberClear 公司 266MW IGCC 项目、美国 Summit Power 公司得克萨斯州清洁能源项目（IGCC 多联产）等国外 IGCC 项目和煤化工项目中，这标志着我国能源技术首次进入西方国家。随着环保标准和二氧化碳减排要求的日益严格，该项目成果将具有更广阔的应用前景。

2006 年 6 月，南京汽轮电机（集团）有限责任公司与中国科学院工程热物理研究所合作，为兖矿集团有限公司研制的我国首套 IGCC 发电机组，在结束 168h 考核运行后，正式交付用户，投入商用，各项指标达到国家"863"科技合同要求，开创了 IGCC 发电设备在我国投入商业运行的先河。

2015 年，大唐东莞的 IGCC 项目建设完成。为解决 IGCC 改造项目资金缺口，推动项目建成并实现长期发展，东莞市电化实业集团有限公司决定引入战略投资者香港鑫金明远投资有限公司（简称鑫金明远）。资料显示，鑫金明远是一家从事清洁能源项目开发和投资的新兴国际企业，立足于内地市场进行可再生能源和煤炭清洁利用的项目开发与投资。东莞 IGCC 改造项目位于道滘镇电化集团进宝工业区，占地面积为 130.08 亩（1 亩≈666.7m²），总投资约 8 亿元，计划建设一套日投煤量为 1600t 的气化炉及配套设施，生产合成气可供东莞天明电力有限公司 12 万 kW 燃气轮机联合循环发电。该项目是国家"863"计划三个 IGCC 示范工程之一，纳入广东省落实《珠三角发展规划纲要》实施的"四年大发展项目"及东莞市重大项目。

中国电力投资集团公司在河北省廊坊市建设总投资为 70 亿元的 IGCC 项目，且实施对外供热。国家电力投资集团有限公司在海南省和江苏省海门市等地也完成对 IGCC 项目的可行性研究，开始部署下一步工作。山东省兖矿泰化工的 IGCC 多联产示范项目开始运行，中国神华能源股份有限公司在内蒙古地区建设 IGCC

项目已经获得批准,其他多地也在积极行动中。通过引进、吸收和自主研究 IGCC 技术,我国也在设计制造能力和科研水平上有了一定突破,本地化率达到 85%。特别地,我国在世界清洁煤电技术领域取得质的飞跃的一步当属华能集团位于天津的华能天津 IGCC 电厂示范项目,这也是国内首次自主研究、设计、建造的示范工程,引领我国清洁煤电技术走入新纪元。这座电站的装机容量为 25 万 kW,于 2013 年投产运营。就单位投资成本来讲,国外发达国家已经将其降到 1000 美元/kW 以下,而我国建设成本是这个水平的几倍。因此 IGCC 项目在国内的发展仍面临着发电成本过高、关键技术不稳定的难题。现阶段,我国正在重点部署的 IGCC 项目有 9 座,具体如表 2.3 所示。

表 2.3　中国大型 IGCC 项目发展情况

序号	项目名称	功率/MW
1	华能集团"绿色煤电"天津 IGCC 项目	250
2	中国电力投资集团公司廊坊 IGCC 项目	400
3	大唐国际发电股份有限公司沈阳 IGCC 项目	400
4	大唐国际发电股份有限公司天津 IGCC 项目	400
5	大唐国际发电股份有限公司北京 IGCC 项目	400
6	大唐国际发电股份有限公司深圳 IGCC 项目	400
7	中国华电集团有限公司半山 IGCC 项目	200
8	神华集团国华电力公司温州 IGCC 项目	300~400
9	东莞天明电力有限公司 IGCC 项目	200

资料来源:根据国家发改委电力改革文件资料整理。

中国 IGCC 技术也走向了海外市场。2018 年 3 月,中国电建集团核电工程有限公司承建的沙特吉赞 IGCC 项目 1 号机组管廊管道低压蒸汽管线 2 个水压包试验一次成功,标志着项目管道系统水压试验这一中心工作顺利展开,为后续工程的顺利推进奠定了良好基础。2018 年 8 月,电站工程 1 号机组受电一次成功,标志着该电站工程向发电目标迈出了坚实的步伐。

沙特吉赞 IGCC 项目作为中国电建集团当前正在建设的全球最大 IGCC 电站,执行 Saudi Aramco 企业标准(高于 ASME、API 等标准),采用 3D 数字化设计,全场设备材料均为全球采购,属于国际电力市场的高端项目。项目位于沙特西南部吉赞市北经济城内,施工范围包括 5 套 2+2+1 燃机联合循环机组,其中包含 10 台西门子 5000F 燃机发电机及辅机,10 台双压、补燃(两级)、再热、卧式余热炉,5 台再热抽气凝气汽轮发电机及 BOP 配套设施等的设计、采购、工厂试验、运输、安装、调试及整机启动工作等,项目建成后将成为吉赞经济乃至整个沙特西部地区的关键性燃气和蒸汽发电示范电站。

2.2.2 IGCC 项目的发展优势及应用领域

本章通过回顾和总结国内外近 30 年来对 IGCC 技术的相关研究,总结出 IGCC 项目的 9 个显著优势。

(1) 热效率较高。热效率是高发电效率的基本保证,在供电效率方面,IGCC 项目的供电效率能达到 45%,要比普通燃煤发电技术高出 5%~7%,未来供电效率可以超过 50%甚至更高,使 IGCC 技术受到世界各国的普遍认可。

(2) 环保性能好。IGCC 项目的脱硫率接近 100%,同时在发电过程中也具有碳捕集与封存的优势条件,同时发电过程中几乎可以做到粉尘的零排放,很少有技术能满足当前苛刻的环保标准,因此,IGCC 技术具有良好的环保性能。

(3) 易大型化,单机功率可达到 300~600MW 以上。

(4) 耗水量少。与常规汽轮机电站相比,IGCC 项目电站的耗水量要少 30%~50%,这无疑解决了在水资源缺乏地区建设电站的难题,另外,利用 IGCC 技术可在矿区建设坑口电站。

(5) 燃料适应性广。多煤种的适应性给 IGCC 项目发电的高效率提供了条件,中国储煤量相对丰富,对于某些开采受到限制的煤种,IGCC 项目循环系统可以任意改换其他种类,使得燃料资源得以优化配置。

(6) 能够利用多种技术使之不断完善。从复杂的 IGCC 工艺中,选取一种或者多种技术进行完善,都是对整个集成系统的修正,同时也为 IGCC 技术进步提供了契机。

(7) 废物处理量最少。废弃物可以出售或者用作建筑和水泥工业原料,IGCC 技术本身就是煤化工与发电的结合体,对电、热、液体等化工品种进行联合循环,大大减少了燃煤发电过程中排放的废弃物。

(8) 调峰能力强。与常规电厂运行 50%~100%的负荷条件相比,IGCC 项目负荷条件只需要达到 35%就可以运行。当前学者普遍认为我国将在 2030 年达到碳排放峰值,如果 IGCC 项目进入商业化运营的时期提前到来,IGCC 技术的采用会降低发电企业的碳排放率,这对于调节我国的碳排放峰值意义重大。

(9) 缓解了天然气资源不足和价格昂贵的问题。IGCC 项目既可以利用现有的蒸汽电站进行改造而成,也可分阶段投资建设,选择最优决策来配置建设资金。

综上可知,IGCC 技术具有得天独厚的优势,研究 IGCC 项目投资决策具有重要的经济价值。

IGCC 技术的应用领域很广阔,不仅仅局限于煤炭行业。在石化行业炼油过程中,产生的石油焦或重油经气化生成合成气可用于发电和产生蒸汽。采用部分氧化工艺技术将脱油沥青进行气化生产粗合成气(主要为 CO 和 H_2)，粗合成气分成两部分，其中一部分经过酸性气脱除后(脱 H_2S 等杂质)用作燃气轮机的燃料，燃烧后高温烟气进入余热锅炉回收余热发电。同时，生物质气化技术可通过对秸秆或造纸废液(黑液)的气化生成合成气来实现联合循环发电。

2.2.3 IGCC 项目的发展障碍

1. 高成本

美国电力研究院(EPRI)的研究结果表明，对于没有采用 CO_2 捕集的电厂来说，IGCC 项目电站的建设成本比粉煤(pulverized coal，PC)发电项目电站更昂贵，在天然气价格目前处于 4 美元/mmBtu(mmBtu 为百万热单位，1 百万热单位＝1.055GJ)的条件下，很难选择 IGCC 技术而不是天然气联合循环技术。IGCC 供应商需要提高自己相对于 PC 发电项目的成本竞争力。美国电力研究院认为，有一种可以提高成本竞争力的方法，就是集中精力搞好能最大程度减少项目前工程设计成本的标准化设计。

一些公用事业公司管理委员会在批准这些增加的成本方面显得犹豫不决，甚至在批准 IGCC 技术作为满足公共便利和选择符合"电力需要"要求的技术方案时，意见也难以统一。

对于 IGCC 项目的成本争议，一些业内人士持有不同意见。一位外企科研人员在接受《中国科学报》记者采访时说："IGCC 项目不能光从发电角度比较，推广 IGCC 项目只有两条路，要么搞多联产，要么提高环保标准，在现在的环保条例下谁也不会去搞 IGCC 项目。"

IGCC 项目的一大优势在于产生的合成气可以作为高附加值化工产品，提高系统经济性。这就是中国工程院院士倪维斗多年来一直推崇的"IGCC+多联产"的洁净煤利用方式。倪维斗曾多次指出，"IGCC+多联产"能带来较好的经济效益，是符合中国特色的煤基能源化工技术路线，应"刻不容缓地发展"，否则，今后一段时期内我国的电力发展路径都将被锁死。

2. IGCC 技术可用性的挑战

在典型情况下，现有以煤为基础的 IGCC 项目需要进行数年的运行才能刚刚达到 80%的可用性水平，有些甚至还未达到 70%。通过利用运行数据以及经验教训，IGCC 技术供应商们一直在实施增强型的设计概念以提升可用性，包括采用多气化炉系列。以煤和石油为基础的 IGCC 技术的可用性已经随着时间的推移而得以提升，第一代 IGCC 技术的可用性类似第一代超临界 PC 电厂和核电厂的可用性。而这些技术目前都达到了85%～90%的可用性。在考虑了其他经验后，可以合理预测 IGCC 技术的可用性也会升高,所有的第一代 IGCC 技术的全部设备均以单系列设计为基础(一台气化炉、一台燃气轮机),而美国电力研究院的 IGCC UDBS 采用双系列系统。美国电力研究院的分析师也指出,尽管在一座气化炉或燃气轮机停运时,负荷有所降低,但电厂仍然可以连续运行,所以将带来更好的可用性。只运行一个系列的设备,可使另一系列设备保持在暖机状态下,这样就使第二台气化炉或联合循环启动时间更快,从而有助于提升可用性。

2.3 本章小结

本章主要介绍了火力发电企业碳排放现状、火电企业碳减排压力;介绍了 IGCC 项目发展的国际国内现状、IGCC 项目的优势和发展存在的障碍。IGCC 技术在发电行业的成功应用将依赖成本的降低、可靠性及可操作性的增强,关键在于可更好地了解燃料气化性能,提高 IGCC 项目主要设备部件的可靠性并降低基建成本,可对整个 IGCC 工艺进行最优化设计。IGCC 项目具有热效率较高、环保性能好、易大型化、耗水量少、燃料适应性广、能够利用多种技术使之不断完善、废物处理量少、调峰能力强、缓解天然气资源不足和价格昂贵的问题等显著优势,但 IGCC 项目在高昂的成本和可用性方面,还面临着挑战。

第3章 火力发电企业IGCC项目投资现状及期权特性分析

3.1 火力发电企业碳减排项目及IGCC项目投资现状

3.1.1 火力发电企业碳减排投资

过度消耗化石燃料造成的全球气候变暖受到了国内外学者的高度重视。目前,我国经济和社会快速发展,碳排放量处于世界第二位,面临着能源约束、结构转型、减排和发展的深刻矛盾。主流科学界在研究中把碳排放增长分解为人口规模、产业结构、能源强度、经济增长、技术进步等因素的影响效应。我国能源结构以煤炭为主,因此火力发电企业的碳减排任务迫在眉睫。

当前,火力发电企业碳减排研究经历了侧重火力发电企业环境效益分析、构建相应指标体系评价其节能减排效果、关注碳减排背景下火力发电企业未来走势三个阶段。其中,火力发电企业的碳减排行动和投资决策成为国内外学者关注的热点。郭斌等(2012)发现我国多数地区火力发电企业大量机组老旧、能耗高、污染重,污染物排放不合理。夏晓华等(2011)利用松弛效率测度分析工具对中国1902家火力发电企业进行了经济环境效率评价,预测不同区域调度方案的节能潜力,为我国节能发电调度提供建议。另外,学者们在构建火力发电企业节能减排指标体系并评估节能环保效果方面也做出了积极努力。敖慧和敖熠(2010)探讨了我国电力产业节能减排技术支撑体系的构成,结合目前现状,提出了电力产业节能减排技术支撑体系建立的具体途径。张雷等(2014)、曹丽华等(2014)、孙建梅和邢柳(2016)先后在研究中建立火电企业节能减排指标体系,用于评价其减排效果。周志方和刘烈梅(2017)建立了"经济-环境"二维体系,结合层次分析法和灰色局势决策模型构建环保投资决策模型,为火电企业优选最佳环保投资方案。曹丽华等(2015)根据模糊物元理论和熵权理论建立火电厂节能熵权模糊物元评价模型,以信息熵为基础确定各指标权重系数,采用贴近度对节能减排效果进行综合评价。

如今,碳减排已成为全球共识,必然成为火力发电企业未来投资的重点方向。Park等(2014)通过分析各种低碳因素的影响,研究中国电力行业综合发电扩建计划的低碳经济模式。Tokimatsu 等(2015)使用 LCA(life cycle assessment,生命周期评价)模型评估了能源技术的二氧化碳的生命周期成本和排放量,通过火力发电技术及使用基准电网排放因子来产生信贷,利用货币来评估排放量,进而实现减排目的。Falsafi 等(2014)研究表明需求方参与能源和储备调度可降低电力行业总的运营成本和碳排放。Hui 等(2017)指出中国要实现在 2030 年碳排放达到峰值,电力部门需要增加清洁能源的份额,并预测 2050 年在最有效的区域补贴和区域间输电能力下,中国电力部门的清洁能源发电份额可达到 59.6%。谭忠富等(2012)在模型中引入污染排放惩罚成本,并采用合作博弈利益分配的 Shapley 模型对合作后所有机组之间利润进行优化分配,从而降低碳排放。

总体而言,虽然我国火力发电企业已经意识到碳减排是未来发展趋势,但受到我国经济发展水平、能源结构和产业结构及技术水平的影响,火力发电企业仍面临减排意识不到位、区域行动分散和技术发展不平衡等诸多难题。

3.1.2　IGCC 项目投资现状

由上可知,火力发电企业投资合适的碳减排项目对于实现碳减排承诺、缓解全球气候变暖意义重大。其中,IGCC 项目由于其具有高发电效率、低碳排放的优势,成为近年来煤电行业讨论的热点。本书通过回顾、总结和归纳国内外 2000 年至今有关 IGCC 项目的研究,发现在 21 世纪初期,该领域研究主要围绕 IGCC 技术发展背景、国内外 IGCC 项目发展现状、IGCC 项目应用前景与发展方向及我国发展 IGCC 项目对策建议这一模式来展开,近几年研究的主题分为具有捕获 CO_2 功能的 IGCC 项目系统研究、IGCC 系统性能优化研究和国内外 IGCC 项目概况研究。目前,学者们关于 IGCC 项目投资的哪些特点及哪些因素会对 IGCC 项目投资决策的影响较为敏感的观点尚未达成一致意见。

IGCC 项目具有如下投资特点。

(1)投资分阶段。国外最典型的 IGCC 项目有 5 个,其中美国有 3 个,分别有 Wabash River IGCC 项目、Tampa IGCC 项目、位于 Pinon Pine 的 Tracy IGCC 项目,另外两个是荷兰的 Buggenum IGCC 项目和西班牙的 Puertollano IGCC 项目。

(2)发展历程均经历了调试状态、工程示范、商业化运行三个阶段。就国内发展情况来讲,我国 IGCC 技术从调试阶段正式过渡到示范工程阶段,标志性事件是 2012 年 12 月 12 日华能集团天津 IGCC 项目的建设完成并投入生产。

(3)投资的不确定性与风险性。IGCC 技术的商业推广主要受到投资成本高、联合系统性能关键技术不确定、关键设备的研发滞后、集成创新成果有待提升和缺少龙头示范工程等方面的阻碍,同时,还受到国外技术投资的可能性、经济波动强度、发电机组的功率、机组的年运行时数、机组的净热效率、电站建成后的折旧问题、维持电站长期运营的一次性沉没成本和维修成本、市场燃煤价格供需关系、碳排放权交易成交量及价格的波动状况甚至是"污染罚款"环境成本、政府优惠政策和补贴政策等诸多不确定因素的影响，存在较高的风险。

(4) 投资的成长性。①IGCC 技术本身具有环保性能好、燃料适应性好、用水量少(IGCC 项目的用水量仅为粉煤炉电厂的 50%～70%)、废弃物再利用、大型化易于形成规模经济、多产联合运行可用率达到 80%以上、易于实现广泛共享相关科技成果等显著优势。②IGCC 项目可极大提升能源利用效率的空间。近期 IGCC 项目效率为 42%～45%，专家预测 2020 年将突破 60%。③IGCC 项目碳排放量少且有利于碳捕集和封存的特点将在未来发挥出显著优势。Taseska 等(2011)研究表明，IGCC 技术可以将碳排放量从 78%减少到 41%，减排成本不到 10 美元/t。张勇和闫媛媛(2013)在研究中证明了 IGCC 技术低能耗和低排放的效果。Alobaid 等(2017)研究认为在未来火电领域有很大发展潜力的发电技术中，IGCC 技术居于首位。总之，在当今碳减排和能源转型背景下，IGCC 技术必将成为煤电领域值得探索的重点方向。

关于哪些因素会影响 IGCC 项目投资决策，国内外专家从不同侧重点进行了挖掘。Rennings 等(2009)指出由于技术的不确定性、市场的不确定性和沉没成本，创新技术很难被投资者接受。夏仕亮等(2013)发现各省份的经济发达程度、外资流入水平、电力消费水平在很大程度上影响着清洁发展机制项目的布局。Zhu 等(2015)研究一个模糊区间可能性规划，指出清洁发展机制可促进碳减排政策的制定和改革。杨涛等(2015)研究了在碳减排政策下，企业吸引投资者对减排技术和设备的投资非常重要。李竟成(2015)基于低碳技术建立了节能减排分阶段风险投资决策模型，实现环保企业期望的好产出最大化和坏产出最小化目标。周远祺等(2015)研究发现经济波动强度会影响碳交易价格，而当碳交易价格较低时会影响企业节能减排投资动力。Park 等(2014)基于期权的模型研究能源政策在不确定性条件下如何影响抵消的财务可行性清洁发展机制(clean development mechanism)项目，政府补贴的水平可以决定清洁发展机制的投资时机。综合以上研究成果可知，经济发展水平、电力消费、碳减排政策、减排技术设备、碳交易价格及来自政府的扶持及其力度等是当前电力行业碳减排行动着重考虑的因素。

在当今碳减排和能源转型背景下，IGCC 技术具有巨大的潜力，必将成为煤电领域值得探索的重点方向。Schernikau(2010)审查了政府和国际机构在煤炭和能源市场中的作用，他认为 IGCC 技术在作为能源燃料的煤的"恢复"中至关重要。陈茜等(2014)研究选取了超(超)临界机组(supercritical/ultra-supercritical unit)、常压循环流化床燃烧(circulating fluidized bed combustion，CFBC)、三种洁净燃烧发电技术进行综合环境经济分析，结果表明在强低碳技术影响下，超(超)临界机组、常压循环流化床燃烧及 IGCC 技术分别使中国在 2038 年、2039 年和 2040 年达到碳排放峰值,其中 IGCC 技术最具有潜力。Huang 等(2015)研究表明在高碳价格情景下,除 IGCC 技术,其他技术长期的增产效果相当有限,这对电力行业短期和长期最优投资决策提供了重要参考。Alobaid 等(2017)对动态模拟技术及其在火电厂发展中的应用情况进行综述,其提到的在未来火电领域有很大发展潜力的发电技术中,IGCC 技术居于首位。当前,针对 IGCC 多联产发电机组投资成本高和运行经济性不佳的问题,余学海和廖海燕(2010)指出将 IGCC 技术与多联产结合发电用于电网调峰,是解决发展 IGCC 多联产发电机组成本过高的出路之一。Taseska 等(2011)研究电力系统减少温室气体排放的潜力,考虑用三种不同的方法来代替褐煤,其中 IGCC 技术将碳排放量从 78%减少到 41%,减排成本不到 10 美元/t。李召召等(2012)对整体煤气化联合循环 IGCC 甲醇多联产系统进行模拟,表明废锅流程节能效果优于激冷流程。张勇和闫媛媛(2013)介绍了 IGCC 技术的工艺流程,并与超临界发电技术对比,证明了其低能耗和低排放的效果。周贤等(2014)研究表明回收余热的 IGCC 项目将大大提高我国电力行业的能源利用效率。赵明等(2015)从热力学的角度,利用液空储能技术获取燃气轮机发电所需的高压空气来提高 IGCC 发电系统调峰、调频的能力,提高电能质量。

总之,IGCC 技术不仅有利于清洁发电,也有利于碳捕集与封存,同时还降低了能源消耗,势必为节能减排开辟一条新的道路。

3.1.3 多阶段复合实物期权应用于电力项目投资现状

基于火电企业碳减排项目投资的不确定性、高风险和高回报的特点,再加上学术界对于其投资决策尚无统一的方法,找到一种合适的方法来科学、合理评估火电企业碳减排项目的价值,为火电企业制定高瞻远瞩的投资决策方案至关重要。

风险企业、新创企业和高科技企业投资企业研发和信息系统开发、自然资源开发、房地产开发等项目同样具有投资分阶段、投资不确定性和风险性及投资成长性等特征,且多阶段复合实物期权已经在诸多此类项目中成功运用。这为 IGCC 项目投资决策方法提供了很好的借鉴和参考。

从已有文献中关于节能减排项目投资决策方法可知,用于节能减排项目投资决策的方法没有统一定论,其中常用的有系统动力学方法、博弈决策法、三边模型、决策树法、蒙特卡洛模拟法、线性规划和非线性规划法、灰色局势决策法及实物期权法等。不同的投资决策方法有其独特的适用性,其中多阶段复合实物期权法充分考虑了投资分阶段、投资不确定性和风险性及未来投资机会的价值,体现了管理决策柔性,适合 IGCC 项目投资决策。从已有研究来看,多阶段复合实物期权在能源行业及碳减排项目投资中的应用取得了积极效果。国外学者 Park 等(2014)基于期权的模型研究能源政策在不确定性条件下如何影响抵消的财务可行性 CDM 清洁发展机制项目。国内学者贾德香等(2007)运用 Black-Scholes(B-S)期权定价模型,采用非合作博弈理论对多投资主体的发电和输电项目延迟投资决策进行评估。黄文杰和黄奕(2010)从经济学的视角出发,探索不同风险偏好对发电期权博弈投资决策的影响。张金锁等(2013)研究发现煤炭资源项目的价值并非简单地将多个阶段投资净现值的和加总,而是对多期复合期权进行动态处理的结果。因此,本书提出多阶段复合实物期权法适用于火力发电企业 IGCC 项目的投资决策。

本章综合火力发电企业碳减排投资、IGCC 项目投资和多阶段复合实物期权应用于电力项目投资三个方面的研究现状进行分析,可以得出三点结论。

(1)为缓解能源约束、结构转型、碳减排和发展面临的深刻矛盾,火力发电企业作为首要碳排放源做出碳减排投资属必由之路。综合已有的国内外学者的研究成果,发现对于火力发电企业的关注主要经历了环境效益分析、构建相应指标体系评价其节能减排效果到关注碳减排背景下火力发电企业未来走势三个阶段。当前,火力发电企业的碳减排行动和投资决策成为研究热点,但对于火力发电企业具体的落实行动或项目投资类型尚没有给出具体方案,而选择火力发电企业作为投资决策主体进行 IGCC 项目投资,学者们目前还没有进行过专门、系统的研究,这为本书的研究主题提供了切入点。

(2)IGCC 技术既能满足经济发展对发电效率的高要求,又符合碳减排时代背景的需要,在众多煤电技术中脱颖而出,广受重视。总结 21 世纪以来国内外已有研究发现,围绕 IGCC 技术的研究主要从 IGCC 技术发展背景、国内外 IGCC 技术发展现状、IGCC 技术应用前景与发展方向及我国发展 IGCC 项目对策建议这几个方面来展开。此外,本书还根据国内外 IGCC 项目的投资历程归纳出 IGCC 项目具有投资高成本、投资高不确定性、投资分阶段的特点,且投资需要考虑经济发展水平、电力消费水平、政府减排政策、减排技术、碳交易价格等诸多不确定因素,为本书从碳交易市场运行的商业模式出发结合政府补贴力度的研究带来很好的启发作用。

(3)在投资方法上,多阶段复合实物期权方法用于 IGCC 项目投资具有合理性和可行性。由于多阶段复合实物期权法已经在风险企业、新创企业和高科技企业投资价值评估、企业研发和信息系统开发、自然资源开发及房地产项目开发等领域成功运用,与以净现值为代表的传统投资决策方法相比,其考虑了投资机会的价值,体现了管理决策柔性。目前,鲜有学者将多阶段复合实物期权投资方法应用于 IGCC 项目投资研究,这一领域的研究潜力还有待深入挖掘。

此外,实物期权投资方法在评估投资价值时一般综合了传统净现值和适应投资不确定性和管理柔性的期权价值。所以,本书提出运用多阶段复合实物期权投资方法来探讨 IGCC 项目的投资价值。

因此，在碳减排压力下，怎样评估在碳交易市场运行的商业模式下火力发电企业 IGCC 项目投资，为火力发电企业 IGCC 项目投资提供科学、合理的方法支撑，推动中国火力发电企业减排行动的落实和碳交易市场的向前发展，成为本书研究的重点。

3.2　IGCC 项目投资涉及的相关理论

3.2.1　低碳经济理论

“低碳经济”的概念由英国政府提出，2003 年《我们未来的能源——创建低碳经济》白皮书指出，发展低碳经济的关键在于发展低碳技术、低碳产品和低碳服务。中国环境与发展国际合作委员会将这一概念解读为一个新的经济、技术和社会体系，在生产和消费环节更能够节约能源，排放较少的温室气体，同时还能保持经济和社会发展势头。当前，国内外学术界掀起一股研究低碳经济的热潮，虽然不同学者对其定义有不同见解，但表达的内涵达成了一致，即在不影响经济和社会发展水平的基础上，在技术和制度等多领域创新，降低温室气体排放，减缓气候变暖，最终实现经济低碳转型和社会的可持续发展。本书认为，低碳经济就是倡导以低能耗、低排放、低污染为核心的经济发展模式，大力发展新能源、调整产业结构和开展制度创新，逐步改变以消耗化石能源为主的传统经济增长方式，最终实现高碳排放的工业文明向低碳绿色的生态文明的转型。

全球气候变化关系人类的生存和发展，是关系全世界人民生存与发展的重大问题。中国为承担大国责任，制定了相关重大战略，提出了《中国应对气候变化国家方案》以下简称《方案》，明确提出进一步优化能源结构，加快推进中国能源体制改革，提高煤的使用效率，加大投入研发以碳捕集与封存为代表的零碳技术。

来自 IEA 的统计数据表明，温室气体的排放主要来自能源行业。从二氧化碳排放的行业分布来看，电力行业的碳排放量在全球碳排放总量中的占比超过 40%，而中国的这一比例更是超过 50%。电力行业二氧化碳的排放主要来自三个方面：燃煤发电、燃油发电、燃气发电，燃煤发电的二氧化碳排放总量达 94%，是首要排放大户。多煤、贫油、少气是我国能源资源禀赋的实际情况。因此，我国经济发展方式和能源结构的调整势必要依赖电力行业，而电力行业中占主导的火力发电企业则成为碳减排的重中之重。赵洱岽(2013)提出低碳电力的发展模式应强调技术研发，其中要大力研发 IGCC 等具有明显减排成效的技术。

随着“低碳经济”的概念日益深入人心，人类社会的生活和消费将与“低碳”标志息息相关，必将推动低碳技术标准的出台。显然，低碳经济的渗透必然会给低碳减排技术的更新和发展创造新的机遇和发展空间，同时也给传统碳密集型企业带来严峻挑战。低碳经济的向前发展为保护生态文明提供保障，为调整产业结构提供契机，为提高经济发展质量保驾护航。

3.2.2 环境管理理论

本书从强制性行政指令管理、碳交易市场管理和碳税管理三种手段来概述环境管理理论。

强制性行政指令管理曾经是政府实施环境管理最常用的手段。其实施过程在于借助国家法律和行政指令，对包括碳排放主体的碳排放量、采取的工艺及技术标准做出明文规定。如果碳排放量超出排放上限，则依据该行政指令的要求，相应的碳排放主体要接受严厉的处罚。

早期，各国市场管理规则还没有完全成熟，以法律和行政指令作为控制手段的管理方式显得最有优势，在那一时期能实现收益与成本的均衡。即便是在近几十年发展历程中，强制性行政指令也依然是各国进行环境管理的主要政策工具。在市场机制不完善的国家，由于政府很难全面掌握企业准确的减排技术与减排成本，政府的相关部门会对企业的行为做出强制规定，而有关企业的碳排放指令控制的强制性通常体现在政府制定严格的碳排放环境标准和低碳产业政策方面。

碳交易市场是国际社会应对碳减排的重大举措。碳交易市场的稳步发展，为我国充分发挥市场机制的作用、推动经济的绿色低碳转型注入了新的活力。电力行业二氧化碳排放量占全国总排放量的一半，《全国碳排放权交易市场建设方案（发电行业）》规定发电行业年度排放达到 2.6 万 t 二氧化碳当量（综合能源消费量约为 1 万 t 标准煤）及以上的企业或者其他经济组织为重点排放单位。作为碳排放和交易大户的电力行业的碳交易数据最完整，其本身碳排放规模也比较大，超过 1700 多家电力企业参与碳交易，其碳排放总量达到 30 亿 t。以上海市试点为例，2017 年控排企业碳排放比 2014 年、2015 年和 2016 年分别下降了 3.14%、6.05%、2.59%，完成了年度控制温室气体排放的目标，证明了碳交易市场的有效性。国家发改委数据显示到 2017 年 11 月，我国七个碳交易试点市场累计配额成交量超过了 2 亿 t 二氧化碳当量，成交额超过了 46 亿元，碳排放总量和强度都有所下降，说明碳交易市场调节温室气体排放的作用正在逐步地发挥出来，间接地促进了低碳技术进步和产业结构调整。碳交易市场最大的贡献就在于它促进了政府强制性减排向企业自主减排的市场行为的过渡与转变。参与碳交易行为的企业出于自身利益的考虑，会最大限度降低成本确保投资收益，而最有效的方法就是积极采取低碳生产技术和对产品进行低碳化或零碳设计与处理，这促进了各企业对既定环境容量资源的优化使用及社会整体减排成本的最小化，并实现了环境约束和利益激励的有机统一。

碳税是政府实施环境管理的一种间接手段，它是政府根据企业产生的碳排放量对环境造成的危害程度来计算其需要支付的税收额度。总体而言，政府必须通过立法程序来实施碳税管理，碳税征收的时间具有连续性，但征收过程不如碳交易市场运行规则那样具有灵活性。

从某种意义上说，碳税是对市场调节机制的一种补充和修整，因为它在约束企业碳排放的同时，有利于增加政府收入。政府通过筹集到的碳减排治理资金可以在更大范围内和更深层次上应对信息不对称问题。但有一点，政府制定的税费标准不容易直观体现污染的社会成本与企业私人成本的差额，更难以体现适合企业最优决策的"最佳排放量"的环境成本。与此同时，管理机构的相关部门要进行严格的评估、审批和分配，才能从总量上平衡各企业的碳排放增减数量。因此，政府有效实施碳税手段的难度较大，管理成本偏高。

三种不同的环境管理手段的实施条件对比如表 3.1 所示。从达成环境目标的难易程度上讲，最难实现的是碳税手段；从政府管理成本角度看，强制性行政指令的管理成本最高；从对企业减排的激励作用及环境资源的利用效率来看，碳交易市场效率最高，同时它也对市场的完善程度要求最高。

表3.1 三种不同的环境管理手段的实施条件对比

手段	政府达成环境目标的难易程度	政府的管理成本	对企业减排的激励作用及环境资源的利用效率	实施要求的市场完善程度
强制性行政指令	容易	高	低	低
碳排放交易市场	容易	中	高	高
碳税	较难	低	中	中

传统经济发展模式只关注经济发展，而不注重环境保护。随着环境污染与破坏的日益严重，各种环境问题相继出现，人类的生存和发展受到威胁。在未来社会中，能源与环境的可持续是人类社会得以延续的保障条件，企业作为社会经济发展承载主体之一，势必会为促进人类社会经济发展与进步做出应有的贡献。

目前各界运用可持续发展理论和低碳经济理论研究电力行业的侧重点各不相同。政府研究机构着眼于资源分配体制和产业政策调整对国家宏观经济的作用，燃煤发电及其密切相关行业专注于资源配置变化引起的生产与成本变动对自身利润最大化的影响，其他研究机构则对在需求预测基础上的市场均衡和如何解决燃煤发电负外部性更加看重。

3.3 火力发电企业 IGCC 项目投资的期权特性分析

3.3.1 火力发电企业 IGCC 项目投资的特点

火力发电企业 IGCC 项目作为一种特殊的碳减排清洁煤电项目，具有以下特点。

1. 投资的不可逆性

IGCC 项目一旦开始建设，其蒸汽轮机、余热锅炉等设备的投产势必会产生一次性沉没成本，而且 IGCC 设备专业性高，若遇到中途停产的情况，也极难转为他用，只能做闲置或报废处理。因此，IGCC 项目具有不可逆性。

2. 投资时点的灵活性

当前，政府对于企业投资 IGCC 项目没有强制性的规定。对于企业而言，选择最佳投资时机和最优投资方案成为一种选择自由，对于投资时机的把握无疑提高了企业项目管理的柔性。

3. 投资回报的不确定性

首先，由于我国统一的碳排放权交易市场已经开始运作，投资 IGCC 项目的企业将多余的碳配额放入市场进行交易极有可能，崭新的商业模式给项目投资带来诸多不确定性。企业有可能获得额外收益，同时还能获得政府对于投资成本的补贴，但是碳交易价格和政府补贴程度具有不确定性。其次，目前中国 IGCC 项目整体处于示范工程阶段，亟待解决降低生产成本、提高技术稳定性、设备的国产化和批量化等问题，且在一定项目生命周期内，最佳投资时点的出现具有不确定性。最后，全国统一碳交易市场仍未建立，国家对于企业碳配额的管理以及政策导向如何发展尚不够明确，因此可以通过新的商业模式运作获得的收益也不确定。

4. 投资的成长性

作为 21 世纪清洁煤电项目的重要成员之一，IGCC 项目不仅大幅度提高了发电效率，还满足了社会经济发展对于能源电力供应的需求。当前，世界各国广泛关注 IGCC 技术的发展，部分企业在多个领域展开技术研究合作。随着全球在碳减排战略上达成一致意见，未来的 IGCC 项目投资将蕴藏着巨大发展潜力，其为企业创造的价值也会有所增加。此外，随着全球变暖问题的加剧，中国在未来必定需要肩负起减排责任，而一旦碳排放权成为企业资源之后，对火力发电企业来说，开发和投资 IGCC 项目对企业今后的主营业务和战略走向会产生战略性影响。

3.3.2 IGCC 项目投资决策的不确定性

火力发电企业 IGCC 项目是 21 世纪最清洁的燃煤发电项目，其投资的不确定性来自两个方面：①碳排放权交易市场新的商业模式给 IGCC 项目的投资带来新的机遇与挑战，主要体现在企业参与碳交易的成交价格及其稳定性给投资收益带来的不确定性方面；②政府补贴政策带来的不确定性，主要是指政府补贴系数对 IGCC 项目投资者投资风险和投资价值的影响。本书主要探讨了碳交易价格波动和政府补贴系数给火力发电企业 IGCC 项目投资决策带来的不确定性。

1. 碳交易价格的波动

根据国家发改委及碳排放权交易市场相关文件对电力行业的要求，未来电力企业将是参与碳交易的主力军。在新的商业模式作用下，电力企业投资项目的价值势必会受到市场交易价格及其波动率的影响。自 2013 年中国建立七个碳交易市场开始，碳交易成交数据库在逐步完善，虽然 2017 年 12 月全国统一的碳交易市场宣布建立，但是国家对于企业碳配额的管理以及碳交易政策导向如何发展尚不明确。

2. 政府补贴系数

IGCC 项目的投资成本要远远高于常规燃煤发电技术，且投资风险也较高，多数 IGCC 项目的前期投资在与同行业其他传统煤电项目投资比较中不占优势。为了吸引和激励企业参与 IGCC 项目投资，政府会采取相应的补贴政策。从世界发达国家的相关经验来看，IGCC 技术发展遵循的一般规律均以政府扶持作为项目启动的关键因素。特别是在当前，我国 IGCC 项目投资面临巨额投资成本，在设备国产化水平还有待提高的情形下，政府的补贴有利于帮助企业分担较高的投资风险。政策激励力度的把握、制度的连续性、税收政策的扶持都将影响 IGCC 项目的投资风险和投资者的投资热情。

3.3.3 IGCC 项目投资中所含的期权特性

与常规燃煤发电技术相比，IGCC 作为清洁发电技术的代表，包含如下期权特性。

(1) 隐藏性。在 IGCC 项目投资的整个过程中隐藏着多种不同的期权，判别特定投资时机项目所具有的期权种类是对期权价值进行科学、合理评估的关键所在。

(2)不确定性。IGCC 项目的投资会面临多重不确定性,如政府碳减排政策、燃煤发电技术进步率、电力市场供需状况、燃煤价格、碳交易价格、投资成本甚至是政府补贴等因素都会影响投资者对待风险的态度。

(3)执行约束性。执行金融期权,交易双方不需要考虑太多约束条件,但是 IGCC 项目投资中实物期权的执行要全面考虑全球碳减排任务、电力行业结构调整及火力发电企业资产结构等条件,其执行具有一定约束性。

3.4 本章小结

本章首先阐述了火力发电企业碳排放现状,其次详细介绍了国内外 IGCC 项目的发展现状,最后,分析了 IGCC 项目投资的期权特性。综合本章内容可以得出:①燃煤发电给全球气候变化带来巨大压力,而火力发电企业作为能源行业中的首要碳排放源,承担碳减排任务为大势所趋;②IGCC 项目由于具有高效率、低排放等特点受到世界各国的广泛重视,欧美发达国家的 IGCC 技术走在全球前列,IGCC 项目已进入商业化运营阶段,我国也在加快 IGCC 技术研发,目前处于示范工程阶段;③IGCC 项目投资具有期权隐藏性、投资不确定性和执行约束性的期权特征。

第4章 基于多阶段复合实物期权的火力发电企业 IGCC 项目投资决策模型

4.1 模型构建思路

4.1.1 模型选择

IGCC 技术资产专用性较强,投资建设的沉没成本高,同时投资收益具有不确定性,技术进步的变化、化石燃料供求的变化、碳排放交易的波动、国家环境政策的调整等多方面因素都会对 IGCC 项目投资收益产生影响。能否投资或者在正确时点投资是企业关心的问题。

基于 3.3.3 节对 IGCC 项目投资所含的期权特性进行分析可知,传统投资决策方法忽略了对这类特性的考虑,但不能以偏概全将传统投资决策方法本身的应用价值也抹去。因而,结合 IGCC 项目的投资特点和期权特性,明确传统投资决策方法面对这项投资存在的不足是本书选择正确投资方法的基础。①传统投资决策方法没有考虑项目投资的不确定性。依据期权理论,本书认为不确定性的存在给项目带来了潜在的价值,IGCC 项目投资会面临燃煤价格、市场需求、碳交易价格、碳税及政府补贴等诸多因素的不确定性,由于传统投资决策方法有既定的考量范围,不能对不确定性进行量化分析,不利于企业做出有利于维持竞争优势和社会可持续发展的决策。②作为投资主体的投资者具有的管理柔性和灵活性不能在传统投资决策方法中体现出来。传统决策方法下,项目自实施开始就严格按照计划进行,不会对不同情境做出动态决策,而 IGCC 项目在投资中会面临立即投资和推迟投资的动态决策,在项目管理上也存在一定的灵活性,传统净现值法不能对这类问题进行量化分析,从而使得计算的值偏离了项目的真实价值。③传统净现值法不能分阶段反映 IGCC 项目的投资价值之间的联系与区别。

在计算投资价值时,将净现值和期权价值加起来得到的总价值被视为企业真实的投资价值,这是国内外学者普遍认可的对净现值的拓展模式。因此,本书选择在传统净现值投资方法的基础上,结合多阶段复合实物期权法来衡量由 IGCC 项目的分阶段投资价值。

1. 净现值法

净现值法易于帮助投资者简便、快捷地选定投资方案，因为它通过将净现金效益量的总现值与总投资量进行对比，可计算出净现值：

$$NPV = \sum_{t=1}^{n} \frac{NFC_t}{(1+r)^t} - I \tag{4.1}$$

式中，NPV 为净现值；NFC_t 表示第 t 年的预期现金流；r 为折现率；I 表示初始投资额；n 是项目预计使用年限。

决策标准为：一般而言，当 NPV>0 时，该投资方案会被投资者采纳，计算出来的净现值越大，表明该投资方案越好，也就越容易被投资者采纳；当 NPV<0 时，投资者会选择放弃该投资方案；NPV=0 表示项目实施后的投资收益率正好达到预期，而不是投资项目盈亏平衡。

2. 多阶段复合实物期权法

多阶段实物期权方法运用于不确定投资的文献近年来不断涌现，如何沐文和刘金兰(2011)基于多重复合实物期权对自然资源开发项目的投资决策进行研究，实验结果表明模型具有较好的实用性和稳定性。目前，运用实物期权理论来研究具体的不可逆投资问题时，往往需要面临多重不确定性(如需求技术与政策等不确定)，李力等(2017)在竞争对手行为的不确定和市场电价的不确定条件下研究可再生能源项目的竞争性投资决策；陈涛等(2013)在碳减排约束条件下，研究发电企业对 PC 发电和 IGCC 发电的技术选择问题。同时，多重不确定条件下实物期权模型的解析求解有一定难度，所以在现有的研究文献中，大多假定投资决策时只面临一类不确定因素，这与现实决策问题有一定差距。陈茜等(2014)选取目前最有发展前景和竞争力的三种洁净燃煤发电技术，即超(超)临界机组、常压循环流化床燃烧、IGCC，并设计不同的技术组合情景方案，模拟不同技术组合情景下中国可能出现的碳排放峰值和年份，研究得出在强低碳技术情景下，IGCC 技术最具发展潜力。这些研究表明：实验模拟方法对多重不确定条件下的实物期权的模拟是有效的。

为了分析 IGCC 项目投资阈值与投资时点问题，本章将分析 IGCC 项目的阶段投资特性，建立多阶段实物期权投资决策模型，运用模拟方法和仿真方法，考察政府补贴、上网电价、燃煤价格和碳交易价格等因素对投资阈值和投资时点的影响，为我国 IGCC 项目的动态管理提供指导性建议，同时通过对政府补贴等不确定因素的敏感性分析，为我国清洁能源政策的制定提供有效参考。

4.1.2 IGCC 项目两阶段划分依据

由表 2.1 可知，从世界五大 IGCC 项目（荷兰的 Demkolec 项目、西班牙的 Blogaa 项目、美国的 Wabash River 项目、美国的 Polk 项目和 Pinon Pine 项目）阶段投资经验来看，IGCC 投资总体可划分为示范工程和商业化运营两个阶段，欧美等发达国家已经开始将电站进行商业化运营，而 IGCC 项目在中国的发展较欧美发达国家相比迟缓。近年来，我国 IGCC 技术也取得很大进步，华能集团天津 IGCC 项目的建成投产意味着我国可以实现 IGCC 技术的自主研发和基本建设，2012 年我国 IGCC 项目由调试阶段正式过渡到示范工程阶段。因此，本书立足于我国目前所处的示范工程阶段实情，并依据国内外现有 IGCC 项目的建设经验，认为 IGCC 项目的分阶段建设可能会出现当电站建设完成后，IGCC 技术更新阶段同样需要选择立即更新还是等待更新，两种情形下的投资价值存在差异，应分别进行讨论分析。

4.2 模型的假设

在碳减排背景下，对火力发电企业 IGCC 项目进行投资价值评估，需要项目投资者熟悉碳交易市场的运作模式，且要把握政府对于 IGCC 项目投资的最新政策指示。本书在构建 IGCC 项目投资决策模型前提出如下假设。

(1) 理性人假设：投资者在任意条件下都是一个高度理性的人，以经济利益最大化为追求目标，做决策时总是精于判断和计算。

(2) 风险中性假设：投资者既不会过于保守，也不会太过于冒险。对于期权价值，一般采用无风险利率折现后的风险中性期望值来计算。

(3) 项目不可逆假设：项目一旦获得批准就不得以任何理由关闭或者停止，项目没有放弃期权，两个阶段的投资成本均不可逆。

(4) 几何布朗运动假设：上网电价、燃煤价格和碳交易价格是影响 IGCC 项目投资价值的三个不确定因素，三者都服从几何布朗运动假设。

(5) 投资成本已知假设：IGCC 项目投资成本分为两个阶段，第一阶段成本为电厂建设成本，第二阶段投资成本包括 IGCC 技术长期运营成本和投资的沉没成本，且两阶段投资成本均为固定值。

(6) 投资临界值假设：第一阶段选择是否开始电站建设投资与上网电价的投资临界值有关，若上网电价低于投资临界值，则选择推迟建设一个新的电站；第二阶段，只有当碳交易价格超过投资临界值时，企业才会做出投资决策，这时政府会针对 IGCC 技术更新的成本进行补贴。

(7)政府补贴动态调整假设：在火力发电企业更新 IGCC 技术之后，政府针对 IGCC 技术更新投资成本的补贴是动态调整的。

(8)零交易成本假设：企业参与碳交易市场产生的费用暂不予以考虑。

4.3 火力发电企业 IGCC 项目投资价值指标选择

由于项目不可逆，在 IGCC 项目获得批准之后，投资者会进入第一个阶段的投资，即建设一个常规燃煤发电厂。第一阶段完成后，投资进入第二阶段，投资者根据实际条件选择是否将常规燃煤发电技术更新为 IGCC 技术。如果条件不充分，则选择延迟，投资者会获得一个推迟期权价值，这种情形下的投资称为间断投资情形。如果条件充分，完成常规燃煤发电厂建设后立即开始更新 IGCC 技术，称为连续投资情形。此外，在第二阶段，政府会针对 IGCC 技术更新成本给予项目相应的补贴。下面分别介绍两种情形下企业投资价值指标的构成。

4.3.1 间断投资情形下的企业投资价值指标选择

在间断投资情形下，投资收益包括售电收益和推迟期权价值收益，投资成本包括燃煤成本、碳排放成本和电厂建设成本，如图 4.1 所示。

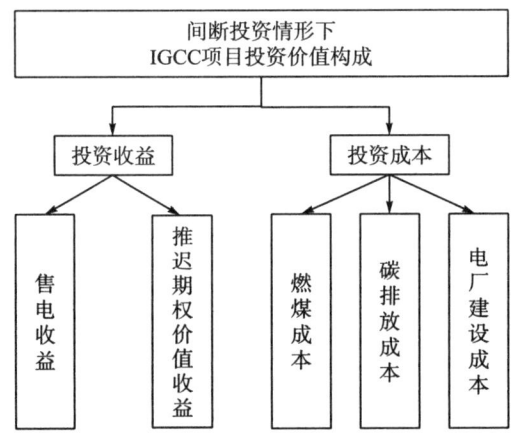

图 4.1 间断投资情形下 IGCC 项目投资价值构成

4.3.2 连续投资情形下的企业投资价值指标选择

在连续投资情形下，投资收益主要来自售电收益，投资成本包括燃煤成本、碳排放成本、电厂建设成本和政府补贴下的技术更新成本,如图 4.2 所示。

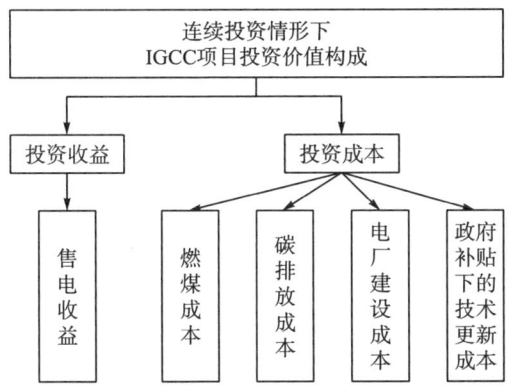

图 4.2　连续投资情形下 IGCC 项目投资价值构成

4.3.3　投资价值指标分析

1. 售电收益

将上网电量进行出售所获收益构成火力发电企业 IGCC 项目的主要收益来源。根据 2018 年 2 月国家发改委调整输电价格的文件①可知,虽然各地电价调整幅度变化不大,但总体区域间输电价格难以统一。因此,本书将上网电价记为 p,依据假设(4),上网电价的漂移率记为 μ_p,投资收益与成本的折现率为 η,同时为保证模型的可操作性和数据易得性,将发电量用产能 q 来表示,q 为根据装机容量计算出来的已知常数,售电收入为:$pq/(\eta-\mu_p)$。

2. 推迟期权价值收益

IGCC 项目在面临是否立即投资 IGCC 技术更新的选择时,会存在一个延迟期权价值。该期权价值受到上网电价、燃煤价格和碳交易价格三个不确定因素的影响。本书将上网电价记为 p,燃煤价格记为 f,碳交易价格记为 c,延迟期权价值记为 $O_{(p,f,c)}$。

3. 燃煤成本

火力发电企业以煤炭为主要燃料进行发电,而煤炭价格受到市场供需状况的调节,在发电过程中所消耗的煤炭会给企业带来成本上的投入。本书将燃煤价格

---

① http://www.cec.org.cn/zhengcefagui/2018-02-11/177963.html,国家发改委调整宁东直流等专项工程输电价格。

记为 f，项目发电的热效率记为 $r_f^i(i=1,2$，分别表示第一阶段和第二阶段），折现率记为 η，产能记为 q，则燃煤成本可以表示为：qfr_f^i/η。

4. 碳排放成本

由于发电过程必然会消耗一定的燃料，燃料燃烧必然伴随着 CO_2 的排放，在政府对企业碳排放进行管制和碳交易市场发挥作用的条件下，投资者会因为发电造成的碳排放付出一定的代价。将 IGCC 技术更新前后的碳排放率分别记为 $r_c^i(i=1,2)$，在折现率为 η、产能为 q 的情况下，企业的碳排放成本记为 $qcr_c^i/\eta(i=1,2)$。

5. 电厂建设成本

投资建设一个新的发电厂，需要投入各种人力、物力和财力，如土地租金、设备购买和维修经费、工人工资等，本书将其统称为电厂建设成本，由于该成本出现在 IGCC 项目的第一阶段，本书将电厂建设成本记为 I_1。

6. 政府补贴下的技术更新成本

因为 IGCC 项目是国家重点发展的清洁煤电项目之一，且目前尚处于示范工程阶段，政府对 IGCC 项目投资成本有一定的补贴。但是由于我国尚无统一的环境管理政策和明确规定的补贴法律法规，IGCC 项目的补贴系数是一个不确定值 λ，第二阶段 IGCC 技术更新成本记为 I_2，政府对项目投资成本的补贴只出现在企业投资了 IGCC 技术更新之后，则企业自身需要担负的成本为补贴之后的成本，记为 λI_2，相应地，需要依靠政府支持的部分为 $(1-\lambda)I_2$。

4.4 基于两阶段复合实物期权的火力发电企业 IGCC 项目投资决策模型设计

4.4.1 投资规则

由于项目不可逆，IGCC 项目自电站建设开始，中途不会随意关闭或停止运行。火力发电企业 IGCC 项目投资面临上网电价、燃煤价格和碳交易价格多重不确定影响。在不改变结论的条件下，本书采用逆向推理的方式，先分析技术更新阶段企业投资价值的计算方法，再逆向推算第一阶段电站建设投资企业的价值。

依据假设(4)，在碳减排约束下，发电企业的投资风险主要来自上网电价、燃煤价格和碳交易价格的波动，本书假设三者均服从几何布朗运动假设，分别记为

p、f、c，用如下公式表示：

$$dp = \mu_p p dt + \sigma_p p d\omega_p \qquad (4.2)$$

$$df = \mu_f f dt + \sigma_f f d\omega_f \qquad (4.3)$$

$$dc = \mu_c c dt + \sigma_c c d\omega_c \qquad (4.4)$$

式中，p、f 和 c 分别表示上网电价、燃煤价格和碳交易价格，μ_i、σ_i、$d\omega_i$（$i=p$、f、c）依次表示以上三者各自的漂移率、波动率以及标准维纳过程增量。此外，上网电价、燃煤价格和碳交易价格三者之间的相关系数记为 d，上网电价和燃煤价格之间的相关系数记为 d_{pf}，上网电价和碳交易价格之间的相关系数记为 d_{pc}，燃煤价格和碳交易价格之间的相关系数记为 d_{fc}。

设在第二阶段 IGCC 技术更新完成后会持续产生利润流，记为 π，IGCC 技术更新后的热效率记为 r_f^2，IGCC 技术更新后的碳排放率记为 r_c^2，产能记为 q，政府补贴系数记为 λ，IGCC 技术更新的一次性沉没成本和长期运营成本之和记为 I_2，则第二阶段的利润流 π 用公式表示为

$$\pi = (P_t - r_f^2 f_t - r_c^2 c_t)q - \lambda I_2 \qquad (4.5)$$

在当前上网电价、燃煤价格和碳交易价格分别为 p_t、f_t、c_t 的条件下，企业折现后的价值记为 Z，E 表示企业折现后价值的期望值，则 Z 可以表示为

$$Z = E\int_{T_2}^{\infty} e^{-\eta(\tau - \mu_p)}(p_t - r_f^2 f_t - r_c^2 c_t)q d\tau - \lambda I_2 \qquad (4.6)$$

$$Z = \left(\frac{p}{\eta - \mu_p} - r_f^2 \frac{f}{\eta} - r_c^2 \frac{c}{\eta}\right)q - \lambda I_2 \qquad (4.7)$$

式中，η 为投资收益与成本的折现率，是一个现值；t 为项目投资的生命周期。

根据以上分析及假设（4）～（7），拓展后两阶段复合实物期权的 IGCC 项目投资记为 ENPV，为净现值法确定的 NPV 加上期权价值 $O_{(p,f,c)}$ 的和，用公式表示为

$$\text{ENPV} = \text{NPV} + O_{(p,f,c)} = \left(\frac{p}{\eta - \mu_p} - r_f^2 \frac{f}{\eta} - r_c^2 \frac{c}{\eta}\right)q - \lambda I_2 + O_{(p,f,c)} \qquad (4.8)$$

4.4.2 IGCC 技术更新阶段投资

在 IGCC 技术更新阶段，火力发电企业投资者需要选择是否投资以及在何时投资 IGCC 技术更新，需要找到合适的碳排放临界值 c^*，若 $c > c^*$，可以进行投资；如果 $c \leq c^*$，企业投资者会将项目进行暂时搁置，选择等待下一个更为恰当的时机进行投资，相应地，根据实物期权理论，项目的不确定性会带来收益，本书将其定义为推迟期权价值。这一阶段，企业投资价值记为 Z_2，用公式表示为

$$Z_2 = \begin{cases} \left(\dfrac{p}{\eta - \mu_p} - r_f^1 \dfrac{f}{\eta} - r_c^1 \dfrac{c}{\eta}\right)q - I_1 + O_{(p,f,c)}, & 0 < c \leqslant c^* \\ \left(\dfrac{p}{\eta - \mu_p} - r_f^2 \dfrac{f}{\eta} - r_c^2 \dfrac{c}{\eta}\right)q - \lambda I_2, & c > c^*,\ 0 < \lambda < 1 \end{cases} \quad (4.9)$$

由于目前我国 IGCC 项目投资成本较高，除少数大型发电企业，多数企业对 IGCC 技术的投资均采取审慎态度。本书假设政府为了鼓励以火力发电为首的电力行业尽快减排、推动清洁减排发电技术的发展，对 IGCC 项目的投资进行直接性补贴。

根据价值匹配条件，上式可化简为

$$O_{(p,f,c)} = -\left[\dfrac{f(r_f^1 - r_f^2)}{\eta} + \dfrac{c(r_c^2 - r_c^1)}{\eta}\right]q - \lambda I_2 \quad (4.10)$$

上式中，结合假设(6)，在第二阶段，影响期权价值的主要是碳交易价格，上网电价 p 对该阶段期权价值影响不大，因此式中 $O_{(p,f,c)}$ 可记为 $O_{(f,c)}$。

根据伊藤引理，将上式 $O_{(f,c)}$ 展开可得

$$\eta O_{(f,c)} = \mu_c c O_c + \sigma_c^2 c^2 O_{cc}/2 + \mu_f f O_f + \sigma_f^2 f^2 O_{ff}/2 + d_{fc}\sigma_f \sigma_c f^2 O_{fc} \quad (4.11)$$

式中，O_c、O_{cc}、O_f、O_{fc} 表示相应的偏导数。依据假设(6)，技术更新投资决策的关键就在于碳交易价格能否超过投资临界值。因此，在不影响结论的前提下，可假设碳交易价格的漂移率 μ_c、燃煤价格的漂移率 μ_f 及燃煤价格与碳交易价格的相关系数 d_{fc} 均为 0，根据文献在评估发电成本时，假设燃煤价格 f 是一个常数，$\sigma_f = 0$，上式可以简化为常微分方程：

$$\eta O_{(f,c)} = \sigma_c^2 c^2 O_{cc}/2 \quad (4.12)$$

式中，当 $c = 0$ 时，$O_{(f,c)}$ 的解的形式表示为：$h_1 c^{\beta_1} + h_2 c^{\beta_2}$，其中，$h_1$、$h_2$ 为常数，数值待定，$h_1 > 1$，$h_2 < 0$。由于当 $c \to 0$ 时，$O \to 0$，即更新期权价值几乎为零，因而有 $h_2 = 0$。因此，$O_{(f,c)}$ 满足：

$$\begin{cases} h_1 c^{*\beta_1} = -\left[\dfrac{f(r_f^2 - r_f^1)}{\eta} + \dfrac{c^*(r_c^2 - r_c^1)}{\eta}\right]q - \lambda I_2 \\ h_1 \beta_1 (c^*)^{\beta_1 - 1} = \dfrac{-(r_c^2 - r_c^1)}{\eta}q \end{cases} \quad (4.13)$$

参考相关文献可知，以上两式满足价值匹配和平滑粘贴条件，据此可以求出更新阶段碳排放价格的临界值，用 c^* 表示：

$$c^* = \dfrac{\beta_1}{\beta_1 - 1} \dfrac{\left[fq(r_f^2 - r_f^1) + \eta \lambda I_2\right]}{(r_c^1 - r_c^2)q} \quad (4.14)$$

根据 Dixit 等(1994)的研究计算可知，β_1 满足方程式：

$$\beta_1 = \frac{1}{2} + \sqrt{\frac{1}{4} + \frac{2\eta}{\sigma_c^2}} > 1 \tag{4.15}$$

由于 $r_c^1 - r_c^2 > 0$，$r_f^2 - r_f^1 > 0$，c^* 与 $r_c^1 - r_c^2$ 成反比、与 $r_f^2 - r_f^1$ 和 λI_2 成正比。当 IGCC 技术成功更新以后，碳排放率会降低，更新期权的价值就体现在这里，技术更新后会产生较低的碳排放，企业便不用去碳交易市场购买碳配额，甚至可以将自身空出的配额进行有偿出售，使企业越容易做出投资决策；反之，如果技术更新成本过于昂贵或者热效率流失严重，企业便不会轻易做出下一步的投资决策，即在这种条件下，投资者会变得更加谨慎，且当 λ 越大时，λI_2 越大，表示企业自身担负的成本越大，则要依靠政府支持的部分 $(1-\lambda)I_2$ 越小，此时政府补贴程度越低，对于企业投资者来说受到的激励作用小，投资积极性下降；当 λ 越小时，同理可知，政府补贴程度越高，企业受到的激励作用大，投资积极性提升。

得出 c^* 后，可计算：

$$h_1 = \frac{(r_c^1 - r_c^2)(c^*)^{1-\beta_1} q}{\beta_1 \eta} \tag{4.16}$$

当 f 已知，可分别求出 β_1 和 h_1，进而得到：

$$O_{(f,c)} = \frac{(r_c^1 - r_c^2)(c^*)^{1-\beta_1} c^{\beta_1} q}{\beta_1 \eta},\ 0 < f < \infty,\ 0 < c \leqslant c^* \tag{4.17}$$

由式(4.14)可知，c^* 是 λ 的增函数，即 λ 变大→c^* 增大；反之，λ 变小→c^* 减小。同时，式(4.17)显示，$O_{(f,c)}$ 是 c^* 的减函数，在其他参数一定的情况下，c^* 越大→$O_{(f,c)}$ 越小；反之，c^* 越小→$O_{(f,c)}$ 越大。联合式(4.14)、式(4.17)，可知 λ 越大→c^* 增大→$O_{(f,c)}$ 越小；反之，λ 越小→c^* 减小→$O_{(f,c)}$ 越大。这说明，政府补贴系数 λ 越大时(政府补贴程度越低)，较低的政府补贴程度会提升企业更新 IGCC 技术的投资门槛(c^* 越大)，从而导致更新期权价值下降；反之，λ 越小时(政府补贴程度越高)，投资门槛降低(c^* 越小)，带来更大的更新期权价值。通常情况下，这与企业的实际投资规律是一致的。

企业投资者需要做出是否将常规发电技术更新为 IGCC 技术的决策。假设在实践期 T 内，当前碳排放价格为 c_0，碳排放价格 c 会在时间推移条件下不断趋向于碳排放价格的临界值 c^*，当碳价格等于或者大于投资临界值时，才会激发企业投资更新 IGCC 技术的行为。

由假设(4)可知，c 服从几何布朗运动，因此，利用简单的变换，可以得到 IGCC 技术升级的期望首达年份为

$$EY = \frac{1}{5} \frac{\ln \frac{c^*}{c}}{\mu_c - \sigma_c^2/2} \quad (4.18)$$

式中，当 $EY \geq 0$、$c \leq c^*$、$\mu_c - \sigma_c^2/2 > 0$ 时，讨论才有意义。由期望投资的首达年份 EY，可以得到政府补贴系数的公式：

$$\lambda^* = \frac{\left[-\frac{\beta_1-1}{\beta_1}(r_c^2 - r_c^1)\, qce^{EY(\mu_c - \sigma_c^2/2)} - (r_c^2 - r_c^1)\, fq\right]}{\eta I_2} \quad (4.19)$$

4.4.3 电站建设阶段投资

本阶段，火力发电企业需要选择一个合适的时机投资建设一座新的电站，在新的电站建设好之后选择停顿一段时间，等更好的投资时机出现时再开始第二阶段的投资，这种情形称为间断投资阶段（第一阶段完成后立马开始 IGCC 技术更新称为连续投资阶段）。依据假设（4），碳交易价格临界值主要影响 IGCC 技术更新阶段的投资决策，若碳排放价格 $c \leq c^*$，则为间断投资，选择等待更新 IGCC 技术；若 $c > c^*$，则连续投资，立即开始更新 IGCC 技术。

4.4.3.1 间断投资规则

假设第一阶段上网电价的投资临界值为 p_1^*，$p \geq p_1^*$，投资者会进行新电站的建设，并且在建设完成后不会立即进行技术更新。此时，火力发电企业的投资价值记为 Z_1^1，用公式表示为

$$Z_1^1 = \left(\frac{P}{\eta - \mu_P} - r_f^1 \frac{f}{\eta} - r_c^1 \frac{c}{\eta}\right) q - I_1 + O_p^1 \quad (4.20)$$

式中，I_1 为电站建设成本。

若 $p < p_1^*$，投资者不会选择立即建设新电厂，而会选择推迟投资，由于第一阶段的投资决策主要受上网电价 p 的影响，所以第一阶段等待期权的价值用 O_p^1 表示。

由伊藤引理可知，当 $p = 0$ 时，期权价值 O_p^1 为 0。因此 O_p^1 的表达式可写为

$$O_p^1 = g_1 p^{\omega_1} + g_2 p^{\omega_2}, \quad p < p_1^* \quad (4.21)$$

式中，$\omega_1 > 1$，$\omega_2 < 0$，g_1、g_2 为待定常数。$\omega_2 < 0$，若 $p \to 0$，$p^{\omega_2} \to \infty$，因此，$g_2 = 0$，投资机会的价值为 $g_1 p^{\omega_1}$。O_p^1 的约束条件为

$$O^1(0) = 0 \quad (4.22)$$

$$g_1 p_1^{*\omega_1} = \left(\frac{p_1^*}{\eta - \mu_p} - r_f^1 \frac{f}{\eta} - r_c^1 \frac{c}{\eta} \right) q + O_{(f,c)} - I_1 \quad (4.23)$$

$$g_1 \omega_1 (p_1^*)^{g_1-1} = \frac{q}{\eta - \mu_p} \quad (4.24)$$

根据上式，可以求得在 $c \leq c^*$、$p \geq p_1^*$ 时，发电投资的临界值为

$$p_1^* = \left(\frac{\omega_1}{\omega_1 - 1} \right)(\eta - \mu_p) \left[\frac{r_f^1 f + r_c^1 c}{\eta} + \frac{(\eta - \mu_p)(I_1 - O_{(f,c)})}{q} \right] \quad (4.25)$$

式中，

$$\omega_1 = \frac{\mu_p}{\sigma_p^2} + \frac{1}{2} + \sqrt{\left(\frac{\mu_p}{\sigma_p^2} - \frac{1}{2} \right)^2 + \frac{2\eta}{\sigma_p^2}} > 1 \quad (4.26)$$

同时，上式中常数 g_1 的值为

$$g_1 = (p_1^*)^{1-\omega_1} \frac{q}{\omega_1 (\eta - \mu_p)} \quad (4.27)$$

4.4.3.2 连续投资规则

当 $c > c^*$ 时，企业投资者才会进行第二阶段的 IGCC 技术更新。由于 IGCC 项目投资的两个阶段是相互关联的。正是由于推迟更新和立即更新对于企业投资者而言门槛不一样，即上网电价的投资临界值发生了变化，才会使得企业投资价值也有差异。假设在连续投资情况下，上网电价的投资临界值为 p_0^*，当 $p \geq p_0^*$ 时，火力发电企业选择投资，连续投资时的企业的投资价值为

$$Z_0^1 = \left(\frac{p}{\eta - \mu_p} - r_f^2 \frac{f}{\eta} - r_c^2 \frac{c}{\eta} \right) q - I_1 - \lambda I_2 \quad (4.28)$$

同理，可以求得连续投资的临界值：

$$p_0^* = \left(\frac{\omega_1}{\omega_2 - 1} \right)(\eta - \mu_p) \left[\frac{r_f^2 f + r_c^2 c}{\eta} + \frac{(\eta - \mu_p)(I_1 + \lambda I_2)}{q} \right] \quad (4.29)$$

由上可看出，p_0^*、p_1^* 与 c、$O_{(f,c)}$、λI_2 有关，说明第二阶段的政府补贴系数 λ 会影响第一阶段上网电价的投资临界值 p_0^*，也会影响项目的等待期权价值 $O_{(f,c)}$ 和碳交易价格。换句话说，政府补贴虽然只在企业投资 IGCC 技术更新之后才出现，但是却对前一个阶段的电站建设产生了影响，反映了本书的两阶段划分依据具有客观性和科学性。

4.5 IGCC 项目投资决策模型主要参数确定方法

(1) 上网电价 p、燃煤价格 f 和碳交易价格 c。依据假设(4)及式(4.1)～式(4.3)，现以碳交易价格 c 为例，本书假设碳交易价格的初始值为 c_0，要求的预期价格为 c，则

$$\Delta c = ac\Delta t \tag{4.30}$$

当 $\Delta t \to 0$ 时，$dc = acdt$，即 $\dfrac{dc}{c} = adt$，

则在 $0 \sim t$ 内求积分，得到

$$c = c_0 e^{at} \tag{4.31}$$

式中，a 为碳交易价格增长率；t 为项目总期限。

同理，可以求出上网电价 p 和燃煤价格 f 的值。

(2) 上网电价、燃煤价格、碳交易价格漂移率 μ_i 和波动率 σ_i ($i=p,f,c$) 通过查阅与研究相关的国内外学者的已有研究成果，进行对比分析后，得出适用于本书研究的值。

(3) 热效率 r_f^i 和碳排放率 r_c^i 的确定 ($i=1,2$)。由于 IGCC 技术属于集成系统，单独计算某一机组的热效率和碳排放率是一个极其复杂的工作，且各项数据不容易获得。

本书通过咨询国内碳交易、低碳发展研究及环境研究领域的专家学者，同时查阅国内外已有的最新研究成果来获得有关 IGCC 项目热效率和碳排放率的数据。

(4) 产能 q。燃煤发电研究领域关于计算发电成本的研究成果较为丰富，本书借鉴已有文献对标准煤供电效率的计算公式来确定产能 q。

(5) 投资成本 I_i ($i=1,2$)。IGCC 项目的投资成本主要分为两个部分：第一阶段的电站建设成本和第二阶段的 IGCC 技术更新成本，这两个成本均为固定值，通过查阅项目的相关财务报表可以得知。

(6) 折现率 η。折现率不同于利率，也不同于贴现率，用于评估企业投资价值的折现率往往体现的是加权平均资本成本，而折现率本身反映的是企业投资者对未来投资收益和投资风险的一个判别和计算。本书选择期限与项目寿命周期相同或相近的国债基本收益率作为折现率 η。

(7) 项目投资期限 t。t 为项目投资到期的总年限，t_1 为第一阶段(电站建设)花费时间，t_2 为第二阶段(IGCC 技术更新)花费时间。

(8) 政府补贴系数 λ。当前，IGCC 技术在我国还处于示范工程阶段，企业面对复杂的技术和高昂的投资成本无疑会犹豫甚至观望，要引导企业积极投身碳减排行动，政府需要对企业投资 IGCC 技术的成本进行补贴，λ 是一个变动的数值，

$0<\lambda<1$,本书分别讨论 $\lambda=0.1$、$\lambda=0.5$ 和 $\lambda=0.9$ 三种情况。

4.6 本章小结

本章主要介绍了投资决策模型构建的思路、价值评价指标、分阶段价值计算及参数的确定方法。①通过交代 IGCC 项目两阶段划分依据和选择投资方法理清了模型的构建思路；②针对模型构建思路，提出了模型假设；③依据阶段划分选取电站建设和技术更新两个阶段不同的价值指标；④对净现值法进行拓展，构建两阶段复合实物期权模型；⑤交代模型参数如何确定，给出具体的计算方法或途径。

本章重点解决了三个问题：①IGCC 项目投资可以划分为电站建设和 IGCC 技术更新两个阶段，且存在间断投资和连续投资两种情形；②企业投资 IGCC 项目的价值需要综合考虑项目的净现值和延迟期权的价值；③在进行参数设计时，电站建设投资主要受上网电价投资临界值的影响，而接下来的技术更新则主要受碳交易价格投资临界值及政府对于投资成本的补贴程度的影响，且政府补贴对于提高企业投资 IGCC 项目积极性具有直接和间接的激励作用。

第5章 案例分析

IGCC 技术具有高效率和低排放的特点,同时也克服了天然气供应不足和价格昂贵的问题,现有 A 企业计划投资一个新的 IGCC 项目。本章将分别用净现值投资方法和多阶段复合实物期权投资方法对 IGCC 项目投资价值进行评估,帮助企业做出正确的投资决策。

5.1 案例简介

现有 A 企业计划投资一个 IGCC 示范工程项目,项目规划建设一台 25 万 kW 等级的 IGCC 发电机组。该项目于 2009 年开始建设,3 年建设成本约为 31.4 亿元,建成后总装机容量超过 260MW,2013 年投产使用,采用 2000t/a 的两段式干粉煤加压气化炉,运营成本约为 0.71 亿元。A 企业 IGCC 项目所达到的各项指标如下:全厂功率为 26.5 万 kW;发电效率为 48%;供电效率为 41%;发电标煤耗为 255.19g/(kW·h);气化炉热效率为 95%;冷煤气效率为 84%;碳转化率为 99.2%。

根据我国 IGCC 项目的示范工程现状,本书假设 A 企业 IGCC 项目的经营周期为 25 年,各项参数取值如表 5.1 所示。

表 5.1 A 企业 IGCC 项目生产活动成本收入计算参数

参数	数值	单位
项目生命周期	25	a
售电收入	65289.38	万元
建设期(三年)总成本	314103.34	万元
建设期第一年成本	94231.00	万元
建设期第二年成本	125641.34	万元
建设期第三年成本	94231.00	万元
财务费用	19088.85	万元/a
经营成本	29118.34	万元/a
年折旧费	12169.20	万元/a
年摊销费	2136.86	万元/a

续表

参数	数值	单位
增值税	5892.29	万元/a
其他附加税	707.07	万元/a
贴现率 r	0.08	—

5.2 净现值法下 IGCC 项目投资决策分析

净现值法也是当前企业投资评价常用的方法之一。依据式(4-1)可知净现值的计算公式，由此可得 NPV = −9791.92 万元。

$$\text{NPV} = \sum_{i=1}^{n} \frac{\text{NFC}_t}{(1+r)^n} - I \tag{5.1}$$

A 企业 IGCC 项目的现金流量如表 5.2 所示，NPV 为−9791.92 万元。根据 4.4.17 节中净现值的投资规则，当净现值为负数时，企业投资者不会投资该项目。也就是说，纯粹的净现值法不能很好地解释 IGCC 项目投资的不确定性和投资灵活性带来的价值。因此，有必要运用多阶段复合实物期权法来进行分析。

表 5.2 A 企业 IGCC 项目现金流量表 （单位：万元）

	年份	建设期投资	售电收入	财务费用	经营成本	折旧及摊销	增值税及附加	现金流量
建设期	−2	94231	—	—	—	—	—	−94231
	−1	125641.34	—	—	—	—	—	−125641.34
	0	94231	—	—	—	—	—	−94231
经营期	1	—	9956.00	−19088.85	11366.96	14306.06	541.03	−21040.84
	2	—	43988.00	−19087.85	21885.31	14306.06	4668.24	−1654.40
	3	—	65289.38	−19086.85	29118.34	14306.06	6599.37	10482.83
	4	—	65289.38	−19086.85	29118.34	14306.06	6599.37	10482.83
	5	—	65289.38	−19086.85	29118.34	14306.06	6599.37	10482.83
	6	—	65289.38	−19086.85	29118.34	14306.06	6599.37	10482.83
	7	—	65289.38	−19086.85	29118.34	14306.06	6599.37	10482.83
	8	—	65289.38	−19086.85	29118.34	14306.06	6599.37	10482.83
	9	—	65289.38	−19086.85	29118.34	14306.06	6599.37	10482.83
	10	—	65289.38	−19086.85	29118.34	14306.06	6599.37	10482.83
	11	—	65289.38	−19086.85	29118.34	14306.06	6599.37	10482.83
	12	—	65289.38	−19086.85	29118.34	14306.06	6599.37	10482.83
	13	—	65289.38	−19086.85	29118.34	14306.06	6599.37	10482.83
	14	—	65289.38	−19086.85	29118.34	14306.06	6599.37	10482.83

续表

	年份	建设期投资	售电收入	财务费用	经营成本	折旧及摊销	增值税及附加	现金流量
经营期	15	—	65289.38	−19086.85	29118.34	14306.06	6599.37	10482.83
	16	—	65289.38	—	29118.34	—	6600.37	29571.67
	17	—	65289.38	—	29118.34	—	6601.37	29571.67
	18	—	65289.38	—	29118.34	—	6602.37	29571.67
	19	—	65289.38	—	29118.34	—	6603.37	29571.67
	20	—	65289.38	—	29118.34	—	6604.37	29571.67
	21	—	65289.38	—	29118.34	—	6605.37	29571.67
	22	—	65289.38	—	29118.34	—	6606.37	29571.67
	23	—	65289.38	—	29118.34	—	6607.37	29571.67
	24	—	65289.38	—	29118.34	—	6608.37	29571.67
	25	—	65289.38	—	29118.34	—	6609.37	29571.67

5.3 两阶段复合实物期权法下 IGCC 项目投资决策分析

5.3.1 参数确定

上网电价、燃煤价格和碳交易价格为 IGCC 项目的三个主要影响因素，本书将其初始值分别用 P_0、f_0、c_0 来表示，其他参数的确定依据相关文献整理，如表 5.3 所示。

表 5.3 主要参数的设定

参数名称	符号	数值	单位
投资收益与成本的折现率	η	0.08	—
上网电价	P_0	650	元/t
上网电价漂移率	μ_p	0.03	—
上网电价波动率	σ_p	0.1	—
燃煤价格	f_0	64	元/t、元/(MW·h_e)
煤炭价格的漂移率	μ_f	0.04	—
煤炭价格的波动率	σ_f	0.09	—
碳交易价格	c_0	40	元/t
碳交易价格的漂移率	μ_c	0.02	—

续表

参数名称	符号	数值	单位
碳交易价格的波动率	σ_c	0.115	—
未采用 IGCC 技术时的热效率	r_f^1	2.55	$MW·h/(MW·h_e)$
采用 IGCC 技术之后的热效率	r_f^2	3.57	$MW·h/(MW·h_e)$
未采用 IGCC 技术时的碳排放率	r_c^1	0.8	$tCO_2/(MW·h_e)$
采用 IGCC 技术之后的碳排放率	r_c^2	0.08	$tCO_2/(MW·h_e)$
产能	q	3504000	$MW·h_e/a$
第一阶段投资额	I_1	314000000	元
第二阶段投资额	I_2	7100000	元

注：$MW·h_e$ 中下标 e 表示热来自电。

5.3.2　两阶段复合实物期权法下的 IGCC 项目投资价值

根据 4.1 节阶段划分依据，A 企业在投资 IGCC 项目过程中首先会新建一个电站，在完成第一阶段的投资之后，摆在企业投资者面前的有两个选择：①延迟更新 IGCC 技术投资，获得延迟期权；②立即开始技术更新投资。依据 4.4 节建立的模型及各参数的设定，本书计算的 IGCC 项目投资价值如表 5.4。

由表 5.4 可知，当 $c \leq c^*$ 时，在间断投资情形下，A 企业在发电投资阶段的价值为 67757298565 元，两阶段的总投资价值为 67757298565 元。当 $c > c^*$ 时，在连续投资情形下，A 企业的投资价值与政府的补贴系数有关，当 $\lambda = 0.1$ 时，两阶段的总投资价值为 73689060000 元；当 $\lambda = 0.5$ 时，两阶段的总投资价值为 36681420320 元；当 $\lambda = 0.9$ 时，两阶段的总投资价值为 36675740320 元。

表 5.4　A 企业 IGCC 项目分阶段投资价值　　　　（单位：元）

	间断投资价值（当 $c \leq c^*$ 时）	（当 $c > c^*$ 时）连续投资价值		
		政府补贴系数 $\lambda = 0.1$	政府补贴系数 $\lambda = 0.5$	政府补贴系数 $\lambda = 0.9$
发电投资阶段	67757298565	36687530000	−317269680	−320109680
技术更新阶段	—	37001530000	36998690000	36995850000
两阶段总投资价值	67757298565	73689060000	36681420320	36675740320

表 5.4 初步表明,当 $c \leqslant c^*$ 时,两阶段总投资价值就等于发电投资阶段价值;当 $c>c^*$ 时,随着政府补贴系数的增大(政府补贴程度降低),两阶段总投资价值呈下降趋势。但是,以上分析尚不能详细说明电站建设和 IGCC 技术更新两个阶段中,不同因素对投资决策的影响。因此,下面依照本书前文逆推法规则,先分析连续投资情况下 A 企业的投资决策过程,再分析间断投资情况下的投资决策过程。

5.3.2.1 连续投资情况下投资决策分析

连续投资情况下,IGCC 项目的投资决策受到碳交易价格的波动率和政府补贴系数的影响。结合行业特点及已有学者对不确定性参数的假设,本书假设碳交易价格的波动率存在三种不同的情境,即 $\sigma_c^2=0.01$、$\sigma_c^2=0.05$、$\sigma_c^2=0.1$,表明碳交易价格的波动水平由小变大;同时,也设定政府补贴系数存在低、中、高三种情境,即 $\lambda=0.1$、$\lambda=0.5$、$\lambda=0.9$。

特别注意的是,政府补贴系数 λ 与企业技术更新阶段的投资成本 I_2 的乘积项 λI_2 为企业自身需要支付的成本,λ 越大,λI_2 越大,则企业自身需要支付的成本越多,意味着由政府买单(补贴)的部分越少,即政府补贴程度越低;反之,λ 越小,λI_2 越小,则企业自身需要支付的成本越少,意味着由政府买单(补贴)的部分越多,政府补贴程度越高。总之,λ 越大,意味着政府补贴程度越低;λ 越小,意味着政府补贴程度越高。

由表 5.3 中参数的取值可知,在上网电价为 650 元/t、燃煤价格为 64 元/(MW·h_e)、碳交易价格为 40 元/t 的条件下,计算不同情境下碳交易价格的临界值 c^*(即 IGCC 技术更新阶段的投资门槛)、IGCC 技术更新的期望投资首达年份 EY、期权价值 $O_{(p,f,c)}$ 对企业投资决策的影响,具体数值如表 5.5 所示。

表 5.5　不同情境下参数的取值

碳价格波动率的平方 σ_c^2	政府补贴系数 λ	碳交易价格临界值 c^* /(元/t)	期望投资首达年份 EY/a	期权价值 $O_{(p,f,c)}$ /元
0.01	0.1	58.35	4	73378291.05
	0.5	59.07	4	70259134.92
	0.9	59.80	5	67308087.30
0.05	0.1	78.97	7	212526337.57
	0.5	79.95	7	209007011.37
	0.9	80.93	7	205587676.29
0.1	0.1	98.34	9	30762158565.16
	0.5	99.56	10	627158943.66
	0.9	100.78	10	306297843.20

注:上网电价为 650 元/t;碳交易价格为 40 元/t;燃煤价格为 64 元/(MW·he)

表 5.5 反映出：①政府补贴系数 λ 越大，碳交易价格临界值 c^* 越高。比如，当 σ_c^2=0.01，λ 依次为 0.1、0.5 和 0.9 时，对应的 c^* 分别为 58.35 元/t、59.07 元/t、59.80 元/t，同样，当 σ_c^2=0.05、σ_c^2=0.1 时，结论相同。②碳交易价格临界值 c^* 越高，对应的期权价值 $O_{(p,f,c)}$ 越小。比如，当 σ_c^2=0.01，c^* 依次为 58.35 元/t、59.07 元/t、59.80 元/t 时，对应的 $O_{(p,f,c)}$ 分别为 73378291.05 元、70259134.92 元、67308087.30 元，同样，当 σ_c^2=0.05、σ_c^2=0.1 时，结论相同。③碳交易价格波动率 σ_c^2 越大，$O_{(p,f,c)}$ 期权价值越大。当 λ=0.1，σ_c^2 依次为 0.01、0.05、0.1 时，$O_{(p,f,c)}$ 期权价值分别为 73378291.05 元、212526337.57 元、30762158565.16 元，同样，当 λ=0.5、λ=0.9 时，结论相同。④碳交易价格临界值 c^* 越高，期望投资的首达年份逐步延后。当 σ_c^2=0.01，λ 取 0.1、0.5 和 0.9 时，对应的 EY 为 4 年、4 年和 5 年，同样，当 σ_c^2=0.05、σ_c^2=0.1 时，结论相同。

以上分析表明：①政府补贴系数 λ 越小，政府补贴程度越高，碳交易价格临界值越小，即投资门槛下降。这说明，政府补贴程度的提高，降低了企业投资 IGCC 的门槛，即政府补贴对企业投资具有间接的促进作用。反之，λ 越大，政府补贴程度越低，投资门槛提高，不利于企业做出 IGCC 技术的投资。②政府补贴系数 λ 越小，政府补贴程度越高，降低了技术更新阶段的投资门槛（c^*减小），创造了更大的 IGCC 项目期权价值。这说明，政府补贴有利于降低企业的投资门槛，同时为企业创造更大的项目期权价值，对于企业投资 IGCC 技术具有直接的激励作用，有利地提高了投资者的积极性。③碳交易价格波动率的增大，会带来项目期权价值的增大，这与传统的实物期权理论的重要观点保持一致。④技术更新阶段的投资门槛越高，企业会担心投资成本过高而心生犹豫，导致 IGCC 技术更新投资时间往后推迟。

接下来，由表 5.5 数据，依次对以上结论进行逐一分析，帮助 A 企业更直观地理解在连续投资决策情形下，各参数对投资决策过程的影响。

1. 政府补贴系数对碳交易价格临界值的影响

由式(4.14)可知，碳交易价格临界值 c^* 是政府补贴系数 λ 的增函数，即 λ 越大，c^* 越大。图 5.1 为政府补贴系数 λ 与碳交易价格临界值 c^* 之间的关系。由图可知，政府补贴系数 λ 越大，碳交易价格临界值 c^* 越大；政府补贴系数 λ 越小，碳交易价格的临界值 c^* 越小。具体地，当 λ=0.1 时，c^*=78.50 元/t，λ=0.9 时，c^*=81.50 元/t。

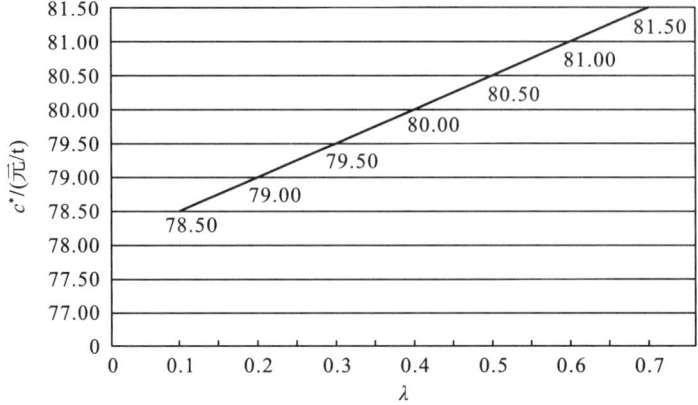

图 5.1 政府补贴系数与碳交易价格临界值之间的关系

因此可得出结论：政府补贴系数越大，补贴程度越低，IGCC 技术更新的门槛提高，会降低企业投资 IGCC 项目的积极性；反之，政府补贴系数越小，补贴程度越高，IGCC 技术更新的门槛降低，会提高企业投资 IGCC 项目的积极性。为鼓励企业投资，实现碳减排承诺，政府应加大对企业投资成本的补贴程度。

2. 碳交易价格临界值对期权价值的影响

由图 5.2 可知，碳交易价格临界值 c^* 越高，期权价值 $O_{(p,f,c)}$ 越小。具体来讲，随着投资门槛的不断提高（c^* 变大），技术更新带来的期权价值不断下降。说明，当面临投资门槛不断提高时，企业更不愿意投资 IGCC 技术，此时，更新 IGCC 技术对于投资者来说没有太大的吸引力，导致更新期权价值不断下降。

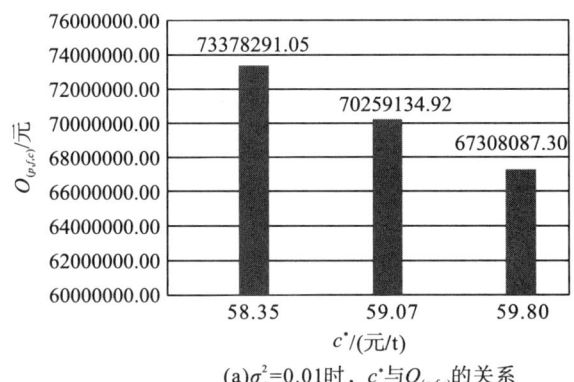

(a) $\sigma_c^2 = 0.01$ 时，c^* 与 $O_{(p,f,c)}$ 的关系

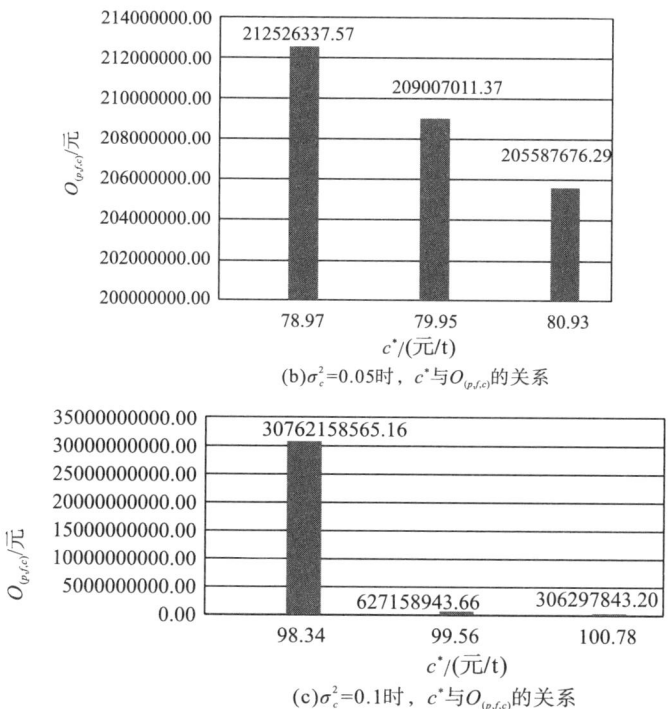

图 5.2 碳交易价格临界值与期权价值之间的关系

3. 碳交易价格波动率对期权价值的影响

由图 5.3 可知，随着碳交易价格的波动率越大，期权价值越高。σ_c^2 越大，表明碳交易市场的运行状况越不稳定，碳交易价格波动越明显，给企业带来的更新期权价值越大，这符合一般的实物期权理论的观点。根据实物期权理论，一定的碳交易价格波动会创造更大的期权价值，同时也说明了本书构建投资决策模型具有一定的合理性。

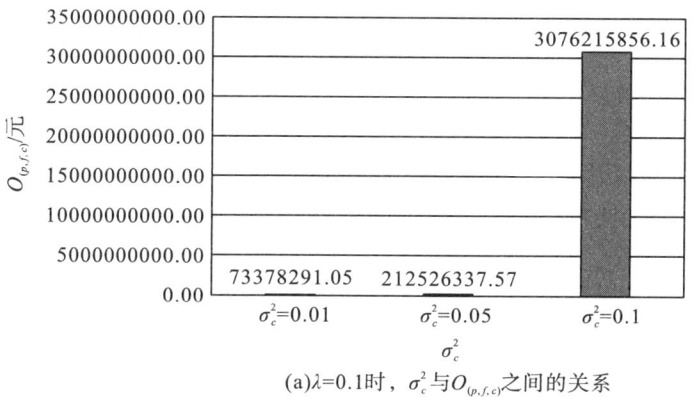

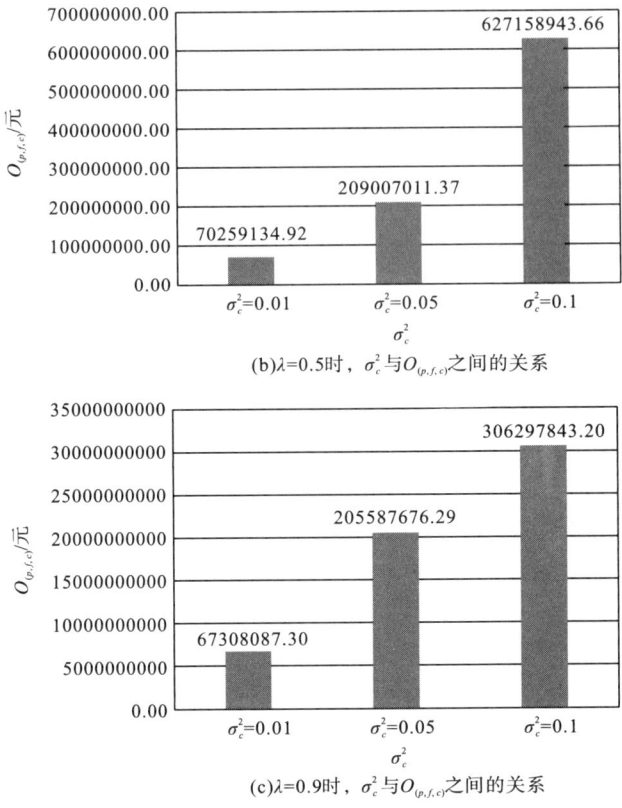

(b)$\lambda=0.5$时，σ_c^2 与 $O_{(p,f,c)}$ 之间的关系

(c)$\lambda=0.9$时，σ_c^2 与 $O_{(p,f,c)}$ 之间的关系

图 5.3　碳交易价格波动率与期权价值之间的关系

4. 碳交易价格临界值对期望投资首达年份的影响

由图 5.4 可知，随着碳交易价格临界值的不断升高，期望投资的首达年份不断往后延迟。c^* 越大，表明技术更新阶段的投资门槛越高，此时 EY 越大，表明企业将 IGCC 技术更新的投资往后推迟，投资者认为投资时间越早，投资成本越高，最佳的策略是延迟等待。

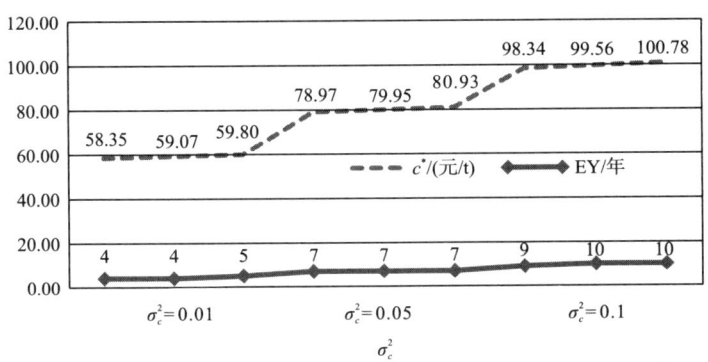

图 5.4　σ_c^2 一定时，碳交易价格临界值与期望投资首达年份之间的关系

同时，联合式(4.14)、式(4.19)可知，$O_{(p,f,c)}$ 是 λ 的减函数。进一步地，由表 5.5 中数据，可以绘制图 5.5。

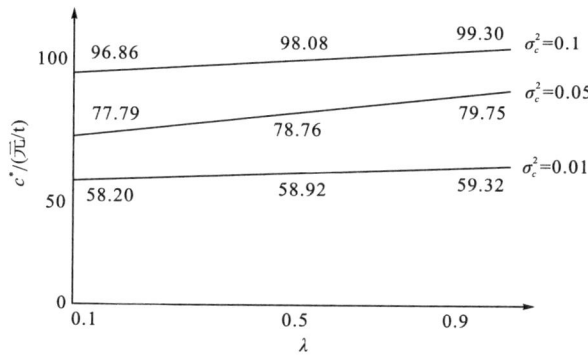

图 5.5　政府补贴系数与碳交易价格临界值之间的关系

以上论述可以说明：①政府补贴系数越大，碳交易价格临界值越高。②碳交易价格波动率越大，碳交易价格临界值越高。这与本书前文的结论一致。

5.3.2.2　间断投资情况下投资决策分析

1. 发电投资阶段投资临界值对期权价值的影响

当 $c \leqslant c^*$ 的条件下，根据前文论述规则，为间断投资，即投资者做出发电投资。上网电价投资临界值 p^* 就是发电投资阶段的投资临界值，也称为该阶段的投资门槛，p^* 是投资者考虑发电投资的重要决策依据。取 $\sigma_c^2=0.1$，$\sigma_p^2=0.01$，$c=50$ 元/t 时，通过仿真模拟得到图 5.6，由图可知更新期权对第一阶段（发电投资）的影响。

由图 5.6 可知，当不考虑 IGCC 技术更新带来的期权价值时，发电投资阶段临界值约为 $p^*=100$ 元/t；当考虑 IGCC 技术更新带来的期权价值时，发电投资阶

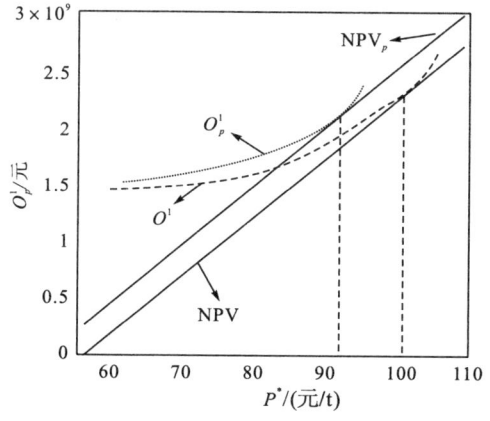

图 5.6　上网电价临界值与更新期权价值的关系图

段临界值约为 p^*=90 元/t。当投资者考虑 IGCC 技术更新带来的期权价值时，发电阶段的投资门槛 p^* 下降，且第一阶段的期权价值更高了。换而言之，第二阶段技术更新带来的期权价值间接影响了第一阶段发电投资的决策。进一步说明，本书将 IGCC 项目的投资统一在由两个不同阶段组合而成的投资决策模型框架下的科学性和合理性，即本书的投资模型构建具有一定的理论意义和实践价值。

2. 政府补贴系数、碳交易价格波动率对发电投资阶段投资临界值的影响

联合式 (4.17)、(4.19)、(4.25)，可以构建第一阶段（发电投资）政府补贴系数 λ 与投资临界值 p^* 之间的函数关系。具体地，取 σ_p^2=0.05、c=30 元/t，通过仿真模拟可以得到图 5.7。

由图 5.7 可知，随着政府补贴系数的增大（政府补贴程度降低），发电投资阶段的投资临界值（投资门槛）不断升高；反之，当政府补贴系数变小（政府补贴程度提高），发电投资阶段的投资临界值不断降低。以上分析说明，政府补贴程度提高可以帮助发电企业降低投资门槛，调动发电投资阶段投资者的投资积极性；反之，政府补贴程度降低将使得发电投资阶段的投资门槛不断抬高，不利于投资者做出发电投资的决策。

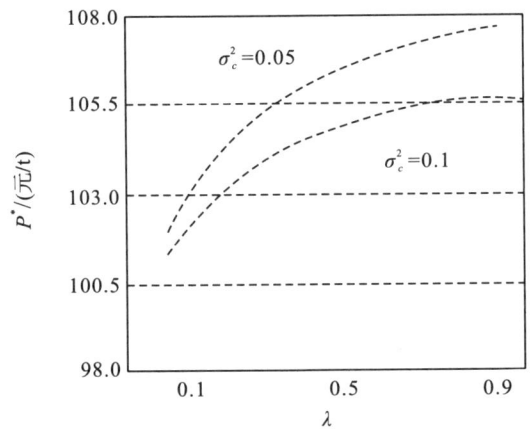

图 5.7 政府补贴系数 λ 与投资临界值 p^* 之间的关系

同时，由图 5.7 可知，当政府补贴系数一定时，碳交易价格波动率 σ_c^2 越大，发电投资门槛 p^* 越低。

为进一步研究 σ_c^2、λ、c^*、EY 和 $O_{(p,f,c)}$ 之间的关系，本书通过代入投资模型计算，得到表 5.6。由表 5.6 可知，随着 λ 增大，c^* 变大。比如，当 σ_c^2 = 0.01，λ 依次为 0.1、0.5、0.9 时，对应的 c^* 分别为 58.20 元/t、58.92 元/t 和 59.32 元/t。随着 c^* 变大，$O_{(p,f,c)}$ 减小。比如，c^* 依次为 58.20 元/t、58.92 元/t 和 59.32 元/t 时，

对应的 $O_{(p,f,c)}$ 为 82155799.30 元、78440223.21 元、74560112.17 元。λ 一定时，σ_c^2 变大，$O_{(p,f,c)}$ 增大。当 $\lambda=0.1$，σ_c^2 依次为 0.01、0.05 和 0.1 时，$O_{(p,f,c)}$ 依次为 82155799.30 元、221399749.93 元、30674517321.96 元。随着 c^* 变大，EY 往后推迟。在 $\sigma_c^2 = 0.1$，c^* 依次为 96.86 元/t、98.08 元/t 和 99.30 元/t 时，对应的 EY 分别为 9.20 a、9.36 a、9.44 a。

表 5.6 不同碳交易价格波动率和政府补贴系数条件下的碳交易价格临界值、期望投资首达年份和期权价值

σ_c^2	λ	参数	N	均值		标准差	方差
			统计量	统计量	标准误差	统计量	统计量
0.01	0.1	c^*/(元/t)		58.20	1.28	6.40	41.08
		EY/a	25	4.20	0.22	1.11	1.25
		O/元		82155799.30	7484853.56	37424267.81	1400575821150815.50
0.01	0.5	c^*/(元/t)		58.92	1.28	6.41	41.09
		EY/a	25	4.32	0.22	1.10	1.22
		O/元		78440223.21	7037990.14	35189950.74	1238332633505640.20
0.01	0.9	c^*/(元/t)		59.32	1.28	6.42	41.11
		EY/a	25	4.41	0.22	1.09	1.18
		O/元		74560112.17	6696880.07	33798749.67	1076310328214465.18
0.05	0.1	c^*/(元/t)		77.79	1.73	8.67	75.25
		EY/a	25	7.08	0.25	1.25	1.57
		O/元		221399749.93	7239301.91	36196509.58	1310187306450479.00
0.05	0.5	c^*/(元/t)		78.76	1.73	8.67	75.26
		EY/a	25	7.20	0.22	1.11	1.25
		O/元		217563436.72	7015179.47	35075897.35	1230318575474865.20
0.05	0.9	c^*/(元/t)		79.7476	1.73	8.67	75.28
		EY/a	25	7.24	0.21	1.05	1.10
		O/元		213842680.03	6800944.40	34004722.04	1156321121081734.20
0.1	0.1	c^*/(元/t)		96.86	2.16	10.8	116.70
		EY/a	25	9.20	0.22	1.11	1.25
		O/元		30674517321.96	98138505.89	490692529.48	240779158496448864.00
0.1	0.5	c^*/(元/t)		98.08	2.16	10.80	116.72
		EY/a	25	9.36	0.22	1.07	1.15
		O/元		641533725.88	12878158.02	64390790.11	4146173851627555.50
0.1	0.9	c^*/(元/t)		99.30	2.16	10.80	116.73
		EY/a	25	9.44	0.23	1.15	1.34
		O/元		313191245.25	6203182.20	31015911.04	961986738000655.60

由表 5.6 可以得出结论：随着 λ 的增大，c^* 不断变大，同时 $O_{(p,f,c)}$ 不断减小；反之，随着 λ 的减小，c^* 不断变小，同时 $O_{(p,f,c)}$ 不断增大。说明，政府补贴程度

的加大,可以有效降低技术更新阶段的投资门槛,同时带来更大的更新期权价值。因此,目前来看,IGCC 技术的投资离不开政府的大力支持。

5.4 敏感性分析

图 5.8 为政府补贴系数、期望投资的首达年份、碳交易价格临界值和燃煤价格对碳交易价格波动率的敏感性分析图,具体数值见表 5.7。根据图 5.8 得出各参数的敏感性分析结果:图 5.8(a)显示,政府补贴系数曲线几乎与对角线重合,说明拟合效果不理想;图 5.8(b)显示,期望投资的首达年份曲线远离对角线,以折线的形式靠近左上角 1.0,达到较好的拟合效果;图 5.8(c)显示,碳交易价格曲线远离对角线,且靠近左上角 1.0,说明拟合效果比较理想;图 5.8(d)显示,燃煤价格曲线远离对角线,且非常靠近左上角 1.0,说明拟合效果非常理想。

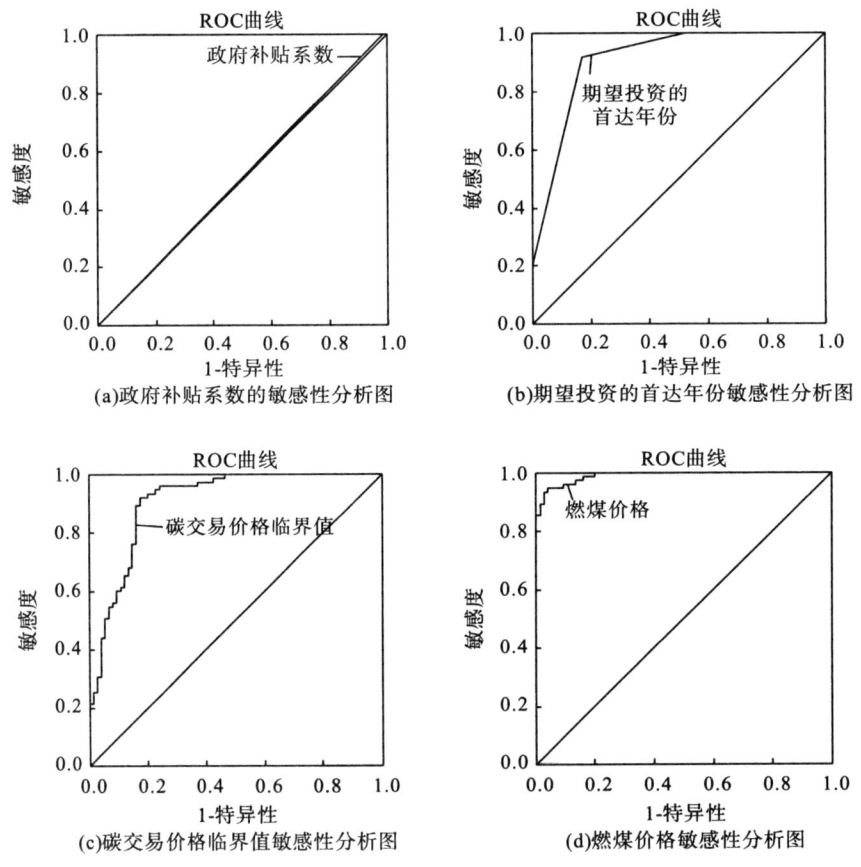

图 5.8 敏感性分析图

进一步地，从具体数值来分析各参数曲线下区域面积大小。表 5.7 显示，政府补贴系数区域面积为 0.502，且 $p>0.05$，没有达到统计意义上的显著性，即政府补贴系数对碳交易价格波动率不敏感；期望投资的首达年份区域面积为 0.909，且 $p<0.05$，达到统计意义上的显著性，即期望投资的首达年份对碳交易价格波动率敏感；碳交易价格临界值区域面积为 0.908，且 $p<0.05$，达到统计意义上的显著性，即碳交易价格临界值对碳交易价格波动率敏感；燃煤价格区域面积为 0.990，且 $p<0.05$，达到统计意义上的显著性，即燃煤价格对碳交易价格波动率敏感。

表 5.7　各参数曲线下方的区域面积

检验结果变量	区域面积	标准误差[a]	渐近显著性[b]	渐近 95% 置信区间	
				下限	上限
λ	0.502	0.047	0.963	0.410	0.595
EY	0.909	0.024	0.000	0.861	0.956
c^*	0.908	0.024	0.000	0.861	0.956
f	0.990	0.005	0.000	0.980	1.000

检验结果变量：政府补贴系数（λ）、期望投资的首达年份（EY）、碳交易价格临界值（c^*）、燃煤价格（f）；a 为按非参数假设下，b 为零假设，即实际区域面积为 0.5。

总体而言，除了政府补贴系数对碳交易价格波动率的变化不敏感外，期望投资的首达年份、碳交易价格临界值和燃煤价格对碳交易价格波动率的变化都呈现敏感性，且依照敏感性从大到小的排序依次为：燃煤价格、期望投资的首达年份和碳交易价格临界值。

5.5　本章小结

本章以 A 企业 IGCC 项目投资为例，对第 4 章所构建的两阶段复合实物期权投资决策模型进行合理性和可行性检验。本章在明确案例中 IGCC 项目各项参数具体数值基础上，先后采用净现值法和两阶段复合实物期权法进行对比分析，然后对 IGCC 项目的政府补贴、碳交易价格投资临界值、期望投资首达年份和燃煤价格进行敏感性检验，得出案例分析结果。

本章的研究结果分为以下五点：

（1）方法上，多阶段复合实物期权具有明显优势。如果采用传统的净现值投资方法，企业不会投资该项目，但是运用两阶段复合实物期权投资方法，企业会进行 IGCC 项目投资，说明净现值法忽略了 IGCC 项目投资的不确定性和灵活性，不能真实地反应项目的投资价值，两阶段复合实物期权投资方法具有较好的适用性。

(2) 第二阶段进行技术更新，有 4 点结论。第一，政府补贴系数 λ 越大，政府补贴程度降低，碳交易价格临界值 c^* 越大；第二，碳交易价格临界值 c^* 不断提高，更新期权价值 $O_{(p,f,c)}$ 不断下降；第三，碳交易价格波动率 σ_c^2 越大，更新期权价值 $O_{(p,f,c)}$ 越大；第四，碳交易价格临界值 c^* 越大，期望投资首达时间 EY 越长。

(3) 第一阶段发电投资，有 2 点结论。第一，发电投资阶段的投资门槛 p^* 越高，投资价值 $O_{(p,f,c)}$ 越大；第二，碳交易价格波动率 σ_c^2 越大，发电投资门槛 p^* 越低。

(4) 敏感性分析，除了政府补贴系数对碳交易价格波动率的变化不敏感外，期望投资的首达年份、碳交易价格临界值和燃煤价格对碳交易价格波动率的变化都呈现敏感性，且依照敏感性从大到小的排序依次为：燃煤价格、期望投资的首达年份和碳交易价格临界值。

第 6 章　发现与启示

在全球碳减排行动和我国能源结构转型的背景下，火力发电企业作为主要碳排放源，在全球碳减排任务中扮演着不可替代的角色，投资碳减排发电项目既是自身维持竞争优势的发展方向，也是实现碳减排目标的必然选择。依据煤电在未来几十年仍然是我国发电技术主导这一现实，本书选取 IGCC 项目作为研究对象，通过模型构建与案例实证分析来探索碳减排约束下火力发电企业的 IGCC 项目的投资决策问题，研究发现：

(1) 本书将火力发电企业 IGCC 项目投资分为发电投资和技术更新两个阶段，且统一在投资决策模型框架内开展研究，具有理论合理性和实践指导性。

(2) 第二阶段技术更新，需要综合考虑以下四点。政府补贴系数 λ 越大，补贴程度越低，碳交易价格临界值 c^* 越大；碳交易价格临界值 c^* 不断提高，更新期权价值 $O_{(p,f,c)}$ 不断下降；碳交易价格波动率 σ_c^2 越大，更新期权价值 $O_{(p,f,c)}$ 越大；碳交易价格临界值 c^* 越大，期望投资首达时间 EY 越长。

(3) 第一阶段发电投资，要注意两点。第一，发电投资阶段的投资门槛 p^* 越高，投资价值 $O_{(p,f,c)}$ 越大；第二，碳交易价格波动率 σ_c^2 越大，发电投资门槛 p^* 越低。

(4) 敏感性分析，除了政府补贴系数对碳交易价格波动率的变化不敏感外，期望投资的首达年份、碳交易价格临界值和燃煤价格对碳交易价格波动率的变化都呈现敏感性，且依照敏感性从大到小的排序依次为：燃煤价格、期望投资的首达年份和碳交易价格临界值。

研究的主要启示是：

(1) 企业在做出电站建设投资决策时，采用的投资方法非常重要，建议采用灵活性和科学性更高的多阶段复合实物期权法，对项目进行投资价值估值，然后做出合理决策。这种方法可以满足的企业的盈利收益，又能响应政府碳减排的号召，实现碳减排承诺。

(2) 企业在具体项目投资中，可以分阶段进行考虑。在进行 IGCC 技术投资评估中，政府补贴起着至关重要的作用，一方面，政府补贴力度可以降低 IGCC 技术的投资门槛；另一方面，政府补贴可以带来更高的更新期权价值。此外，一定的碳交易市场价格的不稳定性也会带来更高的期权价值，这与传统的实物期权理论观点一致。IGCC 技术的投资门槛抬高，会导致企业的投资时间往后延迟。

(3)在考虑 IGCC 技术更新期权的条件下，碳交易市场的价格波动加大，会降低发电投资的门槛。

(4)对于企业来讲，随着期望投资首达年份延迟，企业投资 IGCC 技术的门槛在不断变化，意味着企业在投资决策中要加强管理柔性和投资灵活性，才有利于做出更为科学、合理的投资决策。

参 考 文 献

《电力技术》编辑部, 2009. 国外 IGCC 电站发展现状[J]. 中国电力, (10): 81-82.

敖慧, 敖熠, 2010. 我国电力产业节能减排技术支撑体系的建立[J]. 武汉理工大学学报, (4): 24-27.

曹光辉, 2006. 环境容量约束下经济增长最大化的政策与手段研究[D]. 重庆: 重庆大学.

曹丽华, 徐皎瑾, 李勇, 2014. 基于灰色关联度的火电厂节能减排效果评价方法研究[J]. 环境工程, 32(6): 140-143.

曹丽华, 崔琬婷, 徐皎瑾, 等, 2015. 熵权模糊物元模型应用于火电厂节能减排综合评价[J]. 热力发电, (1): 54-57.

陈俊武, 陈香生, 2011. 中国中长期碳减排战略目标初探(Ⅵ)——碳捕集与封存排放目标讨论[J]. 中外能源, 16(10): 1-17.

陈茜, 刘扬, 苏利阳, 等, 2014. 不同煤电技术选择的综合环境经济影响分析[J]. 系统工程, (10): 118-125.

陈涛, 邵云飞, 唐小我, 2012. 多重不确定条件下发电与 CCS 技术的两阶段投资决策分析[J]. 系统工程, (3): 37-44.

陈涛, 邵云飞, 唐小我, 2013. 碳排放约束下的发电技术选择——以 PC 发电和 IGCC 发电为例[J]. 技术经济, 32(4): 62-70.

陈新明, 史绍平, 闫姝, 等, 2014. 燃烧前 CO_2 捕集技术在 IGCC 发电中的应用[J]. 化工学报, 65(8): 3193-3201.

陈智高, 应春, 马玲, 2009. 基于实物期权理论的企业信息系统建设项目投资决策[J]. 华东理工大学学报: 自然科学版, 35(1): 149-157.

杜峰, 范浩杰, 刘建斌, 2014. IGCC 发电显热回收技术分析与探讨[J]. 锅炉技术, 45(3): 15-18.

范定祥, 2012. 碳排放控制下的我国企业投资与管理研究[D]. 长沙: 湖南大学.

冯俊华, 2006. 企业管理概论[M]. 北京: 化学工业出版社.

葛世荣, 2017. 深部煤炭化学开采技术[J]. 中国矿业大学学报, 46(4): 679-691.

龚朴, 何志伟, 2006. 变波动率多期复合实物期权定价模型及应用[J]. 管理工程学报, 20(2): 46-53.

顾成昌, 2011. 碳交易与碳税: 两种碳减排措施的比较分析[D]. 上海: 上海社会科学院.

郭斌, 房芳, 魏亚楠, 等, 2012. 我国煤炭资源下火电厂的环境效益分析[J]. 煤炭技术, 31(8): 11-13.

何沐文, 刘金兰, 2011. 基于多重复合实物期权的自然资源开发投资评价模型[J]. 系统工程, (2): 44-49.

贺晓波, 王冬梅, 曾诗鸿, 2017. 附碳汇收益的林业投资项目价值评估——基于实物期权定价理论[J]. 中国管理科学, 25(3): 20-29.

黄文杰, 黄奕, 2010. 基于投资者风险偏好和期权博弈理论的发电投资决策模型[J]. 华北电力大学学报(自然科学版), 37(2): 99-103.

黄志烨, 傅云, 常远, 2015. 基于实物期权的既有建筑节能改造项目投资评价[J]. 城市发展研究, 22(8): 5-9.

吉桂明, 2016. 东京正在推进整体煤气化联合循环项目[J]. 热能动力工程, (3): 43-43.

贾德香, 程浩忠, 韩净, 2007. 发电投资的期权博弈决策方法[J]. 电力自动化, (8): 17-21, 26.

蒋经华, 万建平, 2009. 复合期权定价模型与风险投资决策[J]. 统计与决策, (4): 45-47.

蒋敏华, 黄斌, 2012. 燃煤发电技术发展展望[J]. 中国电机工程学报, 32(29): 1-8.

李竞成, 2015. 企业节能减排分阶段风险投资决策模型构建[J]. 财会月刊, (12): 78-79.

李力, 朱磊, 范英, 2017. 不确定条件下可再生能源项目的竞争性投资决策[J]. 中国管理科学, 25(7): 11-17.

李默, 2010. IGCC及多联产技术的发展现状及发展趋势[J]. 电站系统工程, 26(2): 70.

李现勇, 孙永斌, 李惠民, 2009. 国外IGCC项目发展现状概述[J]. 电力勘测设计(3): 28-33.

李召召, 代正华, 林慧丽, 等, 2012. IGCC-甲醇多联产系统节能分析[J]. 中国电机工程学报, 32(20): 1-7.

刘敏, 李寿德, 2009. 排污权交易系统的理论与实践研究动态[J]. 云南师范大学学报: 自然科学版, 29(1): 58-63.

栾健, 陈德珍, 2009. 二氧化碳减排技术及趋势[J]. 能源研究与信息, 25(2): 88-93.

孙建梅, 邢柳, 2016. 基于改进模糊物元的火电机组节能减排评价[J]. 科技管理研究, 36(11): 58-62.

谭忠富, 董力通, 刘文彦, 等, 2012. 发电机组污染排放约束下电量互换合作博弈优化模型[J]. 电工技术学报, 27(5): 245-251.

唐婷, 2015. 基于运行数据的IGCC电站燃气轮机性能分析[D]. 北京: 清华大学.

唐婷, 朱民, 张旭, 等, 2016. 基于运行数据的IGCC电站燃气轮机性能分析[J]. 热能动力工程, 31(2): 32-38.

王文轲, 赵昌文, 2010. 研发投资动态多阶段决策模型及其应用研究——基于多期复合实物期权[J]. 软科学, 24(1): 12-16.

王智强, 2007. 国外IGCC发展对我国的启示[J]. 电力与能源, 28(3): 178-179.

王众, 骆毓燕, 冯浩轩等, 2015. 碳减排环境下我国电力企业发电技术投资组合研究[J]. 科学决策, (9): 15-32.

魏一鸣, 2008. 中国能源报告(2008): 碳排放研究[M]. 北京: 科学出版社.

夏仕亮, 曹家和, 吴国松, 2013. 清洁发展机制项目省际面板数据实证研究[J]. 工业技术经济, (7): 124-131.

夏晓华, 史丹, 李鹏飞, 2011. 中国火力发电企业区域调度的能源效率松弛测度分析[J]. 财贸经济, (11): 121-126.

闫姝, 陈新明, 史绍平, 等, 2016. 与IGCC匹配的燃烧前CO_2捕集系统动态特性分析及控制优化[J]. 中国电机工程学报, (1): 163-171.

杨涛, 李随成, Yang T, 等, 2015. 基于清洁发展机制的碳减排投资机制设计研究[J]. 预测, (4): 76-80.

余学海, 廖海燕, 2010. IGCC多联产发电机组调峰配置及经济性浅析[J]. 热力发电, 39(2): 10-13.

詹扬, 尤政, 吕俊复, 2016. IGCC系统不同气化技术的仿真模拟及性能研究[J]. 中国电力, 49(10): 49-54.

张金锁, 王涛, 邹绍辉, 2013. 煤炭资源投资项目价值形成机理研究——基于实物期权[J]. 北京理工大学学报(社会科学版), 15(6): 20-26.

张雷, 李娜娜, 赵会茹, 等, 2014. 基于全排列多边形图示指标法的火电企业节能减排绩效综合评价[J]. 中国电力, 47(6): 145-150.

张立, 扈文秀, 2014. 不完全信息条件下R&D项目多阶段投资时机研究[J]. 软科学, 28(8): 7-11.

张勇, 闫媛媛, 2013. IGCC关键技术及其热力学与经济性评价[J]. 热能动力工程, 28(5): 443-448.

张源, 朱庚富, 杨光俊, 2012. 基于能耗和排放绩效的火电厂发电调度模式研究[J]. 华东电力, (4): 667-670.

赵东旭, 2007. 我国IGCC发电技术应用现状及政策建议[J]. 电力技术经济, 19(6): 40-43.

赵洱崟, 2013. 中国电力行业低碳化发展研究[M]. 北京: 中国言实出版社.

赵明等, 2015. 基于液态空气储能技术的新型整体煤气化联合循环系统分析[J]. 化工进展, 34(1): 75-79.

中国能源网, 2016. 国家发改委、国家能源局正式发布《电力发展"十三五"规划》[J]. 中国核工业, (11): 5.

周五七, 聂鸣, 2012. 碳排放与碳减排的经济学研究文献综述[J]. 经济评论, (5): 144-151.

周贤, 许世森, 史绍平, 等, 2014. 回收余热的热电联产IGCC电站研究[J]. 中国电机工程学报, 34(z1): 100-104.

周远祺, 杨招军, 杨金强, 2015. 经济波动强度与企业节能减排最优投资决策模型与实证[J]. 统计与决策, (14): 174-177.

周志方, 刘烈梅, 2017. 资源价值流转下火电企业环保投资决策研究[J]. 科技进步与对策, 34(9): 114-120.

Abadie L M, Chamorro J M, 2008. European CO_2 prices and carbon capture investments [J]. Energy Economics, 30(b): 2992-3015.

Abadie L M, Chamorro J M, 2008. Valuing flexibility: The case of an integrated gasification combined cycle power plant [J]. Energy Economics, 30(4): 1850-1881.

Alobaid F, Mertens N, Starkloff R, et al., 2017. Progress in dynamic simulation of thermal power plants[J]. Progress in Energy & Combustion Science, 59: 79-162.

Arman, Okada A, Takebe H, 2016. Density measurements of gasified coal and synthesized slag melts for next-generation IGCC[J]. Fuel, 182: 304-313.

Asif M, Bak C, Saleem M W, et al., 2015. Performance evaluation of integrated gasification combined cycle (IGCC) utilizing a blended solution of ammonia and 2-amino-2-methyl-1-propanol (AMP) for CO_2 capture[J]. Fuel, 160: 513-524.

Barbieri J, Simonet E, 2013. Technologies for Power Generation in Rural Contexts[M]// Renewable Energy for Unleashing Sustainable Development. NewYork: Springer International Publishing.

Cao Y, He B S, Ding G C, et al, 2017. Energy and exergy investigation on two improved IGCC power plants with different CO_2 capture schemes[J]. Energy, 140: 47-57.

Dixit A K, Pindyck R S. 1994, Investment Under Uncertainty[M]. Princeton: Princeton university press.

Duan L Q, Sun S Y, Yue L, et al., 2015. Study on a new IGCC (Integrated Gasification Combined Cycle) system with CO_2, capture by integrating MCFC (Molten Carbonate Fuel Cell)[J]. Energy, 87(1): 490-503.

Falsafi H, Zakariazadeh A, Jadid S, 2014. The role of demand response in single and multi-objective wind-thermal generation scheduling: A stochastic programming[J]. Energy, 64(1): 853-867.

Grenadier S R, Weiss A M, 1998. Investment in technological innovations: An option pricing approach[J]. Social Science Electronic Publishing, 44(3): 397-416.

Heydari S, Ovenden N, Siddiqui A, 2012. Real options analysis of investment in carbon capture and sequestration technology [J]. Computational Management Science, 9: 109-138.

Huang Y, Liu L, Ma M, et al., 2015. Abatement technology investment and emissions trading system: A case of coal-fired power industry of Shenzhen, China[J]. Clean Technologies & Environmental Policy, 17(3): 811-817.

Hui J, Cai W, Wang C, et al., 2017. Analyzing the penetration barriers of clean generation technologies in China's power sector using a multi-region optimization model[J]. Applied Energy, 185: 1809-1820.

Ju H C, Yoo S H, 2012. Using the fuzzy set theory to developing an environmental impact assessment index for a thermal power plant[J]. Quality & Quantity, 48(2): 673-680.

Ansolabehere S, 2007. The future of coal: Options for a carbon constrained world[J]. Massachusetts Institute of

Technology, 63:1-192.

Li Z Y, Xia Z M, Li X S, et al., 2018. Hydrate-based CO_2 capture from IGCC syngas with TBAB and nano Al_2O_3[J]. Energy & Fuels, 32(2):2064–2072.

Lima F V, Daoutidis P, Tsapatsis M, 2016. Modeling, optimization, and cost analysis of an IGCC plant with a membrane reactor for carbon capture[J]. AICHE Journal, 62(5): 1568-1580.

Mohan A R, Turaga U, Subbaraman V, et al., 2015. Modeling the CO_2-based enhanced geothermal system (EGS) paired with integrated gasification combined cycle (IGCC) for symbiotic integration of carbon dioxide sequestration with geothermal heat utilization[J]. International Journal of Greenhouse Gas Control, 32: 197-212.

Moioli S, Giuffrida A, Romano M C, et al., 2016. Assessment of MDEA absorption process for sequential H_2S removal and CO_2 capture in air-blown IGCC plants[J]. Applied Energy, 183: 1452-1470.

Najmi B, Bolland O, Colombo K E, 2015. Load-following performance of IGCC with integrated CO_2 capture using SEWGS pre-combustion technology[J]. International Journal of Greenhouse Gas Control, 35: 30-46.

Obara S, Morel J, Okada M, et al., 2016. Study on the load following characteristics of a distributed IGCC for independent microgrid[J]. Energy, 115: 13-25.

Park T, Kim C, Kim H, 2014. A real option-based model to valuate CDM projects under uncertain energy policies for emission trading[J]. Applied Energy, 131(9): 288-296.

Pinto F, André R, Costa P, et al., 2011. Gasification technology and its contribution to deal with global warming[J]. Green Energy & Technology, 28: 151-175.

Rennings K, Markewitz P, Vögele S, 2013. How clean is clean? Incremental versus radical technological change in coal-fired power plants[J]. Journal of Evolutionary Economics, 23(2): 331-355.

Riboldi L, Bolland O, 2015. Comprehensive analysis on the performance of an IGCC plant with a PSA process integrated for CO_2 capture[J]. International Journal of Greenhouse Gas Control, 43: 57-69.

Riboldi L, Bolland O, 2016. Pressure swing adsorption for coproduction of power and ultrapure H_2 in an IGCC plant with CO_2 capture[J]. International Journal of Hydrogen Energy, 41(25): 10646-10660.

Rubin E S, Chen C, Rao A B, 2007. Cost and performance of fossil fuel power plants with CO_2 capture and storage[J]. Energy Policy, 35(9): 4444-4454.

Schernikau L, 2010. Economics of the International Coal Trade[M]. Dordrecht:Springer.

Taseska V, Markovska N, Causevski A, et al., 2011. Greenhouse gases (GHG) emissions reduction in a power system predominantly based on lignite[J]. Energy, 36(4): 2266-2270.

Tokimatsu K, Endo E, Murata A, et al., 2016. An integrated assessment by models for energy systems analysis and life-cycle assessment with a case study of advanced fossil-fired power plants in China[J]. Environmental Modeling & Assessment, 21(2): 291-305.

Vakharia V, Ramasubramanian K, Ho W S W, 2015. An experimental and modeling study of CO_2-selective membranes for IGCC syngas purification[J]. Journal of Membrane Science, 488: 56-66.

Wang M, Liu G, Hui C W, 2016. Simultaneous optimization and integration of gas turbine and air separation unit in IGCC plant[J]. Energy, 116: 1294-1301.

Zhou Y, Li Y P, Huang G H, 2015. Planning sustainable electric-power system with carbon emission abatement through CDM under uncertainty[J]. Applied Energy, 140: 350-364.

Zhu L, Jiang P, Fan J, 2015. Comparison of carbon capture IGCC with chemical-looping combustion and with calcium-looping process driven by coal for power generation[J]. Chemical Engineering Research & Design, 104: 110-124.